Bruno Laprie et Brice Miñana

Prendre en compte la sexualité de l'usager en institution médico-sociale

esf EDITEUR

Illustration de couverture : © Gilles Rapaport

Directrice pôle social-sciences humaines : Sophie Courault
Éditrice : Juliette Boyer-Khokhar
Coordination éditoriale : Maud Taïeb
Relecture-correction : Laurence Petit

Division d'Intescia
52, rue Camille-Desmoulins
92448 Issy-les-Moulineaux Cedex
ISBN 978-2-7101-2652-2

COLLECTION
LES GUIDES DIRECTION(S)

La collection *Les guides Direction(s)*, soutenue par *Direction(s)*, le mensuel des directeurs du secteur sanitaire et social, propose des ouvrages pratiques d'accompagnement et de progression professionnelle au quotidien, destinés à faciliter l'exercice de la fonction de direction en action sociale et médico-sociale.

La collection propose deux séries :

- la série « Politiques sociales » décrypte les dispositifs institutionnels et juridiques pour permettre aux encadrants des établissements et services d'assurer leurs missions efficacement ;
- la série « Outils » apporte des réponses concrètes aux questions de management, de ressources humaines, de gestion financière auxquelles sont confrontés les directeurs et cadres en action sociale. Elle propose une méthode et des outils directement utilisables.

Écrits par des professionnels, *Les guides Direction(s)* répondent aux préoccupations quotidiennes des directeurs et des cadres en exercice dans un style direct et simple.

Retrouvez les ouvrages ESF éditeur
sur le site Internet : *www.esf-editeur.fr*

Sommaire

DÉFINIR UNE POLITIQUE ET DES PROJETS COHÉRENTS

Introduction

Longtemps évitée, voire niée, mais toujours présente dans le quotidien des personnes accompagnées en institution, la question du droit à une vie affective et sexuelle en établissement social ou médico-social s'impose de plus en plus en tant que liberté individuelle à prendre en compte comme les autres.

Avant même toute forme de réponse ou d'adaptation à apporter par un établissement, il importe que sa direction et ses professionnels accèdent à une vision claire des enjeux qui y sont rattachés. Certes, maîtriser le cadre législatif et de responsabilité qui s'y rattache est indispensable, mais il est tout autant nécessaire de disposer de repères pour comprendre dans quelle mesure, avec quelles limites et à quelle place l'établissement doit prendre en compte la sexualité des personnes accompagnées.

Au travers de leurs choix de vie et comportements, la sexualité des personnes devrait pouvoir être abordée de manière simple, comme l'expression d'une liberté individuelle. Il faut cependant reconnaître la complexité des facteurs présents : d'une part, l'ancrage dans notre système de valeurs, notre histoire, notre culture, d'autre part, dans l'histoire même des processus de représentation et d'accompagnement social du handicap. Notre secteur d'activité se trouve ainsi à la croisée des questions sociétales actuelles, parfois passionnées : débats sur la prostitution, le corps et l'éthique, la théorie du genre, l'accessibilité…

Dès lors qu'un établissement cherche à mener une réflexion sur ce thème, il est nécessaire de pouvoir décoder les différents paradoxes, les fantasmes et les non-dits sous-jacents. En tant que responsable d'une structure médico-sociale, vous devez tenir compte des sensibilités et représentations des différents acteurs, garantir la protection des personnes et le respect des droits, mais aussi favoriser la mise en œuvre de projets collectifs ou individuels au regard de l'expression de la liberté d'expression sexuelle des individus.

Pour cela, il est nécessaire d'engager la réflexion à partir d'une conception de la sexualité intégrant les questions éthiques qui se posent et les références au droit (chapitre 1).

Les actions envisagées ne peuvent pas se déployer sans une grande vigilance concernant la protection des personnes, le respect de leur intimité, la prévention des violences sexuelles et des infections sexuellement transmissibles. De nombreux dispositifs peuvent venir cadrer leur mise en œuvre : recommandations de bonnes pratiques, dispositifs de signalement... (chapitre 2)

Quels leviers mobiliser pour soutenir l'expression de la vie affective et sexuelle dans les institutions ? Vous serez invité à envisager les différentes modalités permettant de favoriser le développement des liens affectifs et les possibilités de rencontres. Comment aborder la complexité de l'accès à la sexualité et à l'éducation sexuelle d'une personne dans le respect de la mission de l'établissement, dans le respect du collectif et le maintien des positionnements professionnels ? Le désir d'enfant exprimé par la personne en situation de handicap doit aussi pouvoir être entendu et trouver des réponses en termes de prévention ou d'accompagnement (chapitre 3).

Enfin, le dernier chapitre vous proposera des repères pour mettre en œuvre une politique cohérente au sein de votre établissement : quelle conception du projet d'établissement, comment tenir compte de l'ensemble des parties prenantes, quels outils utiliser ?

Pratique, ancré dans le quotidien des questions soulevées dans les établissements sociaux et médico-sociaux, cet ouvrage est conçu comme un outil d'aide à la réflexion. La mise en place des conditions favorables à l'exercice de la sexualité implique de se doter de toutes les clés de lecture pour mobiliser les familles, les professionnels, mais aussi les décideurs... tout en reconnaissant les positions contradictoires et ambivalentes qui s'expriment.

Chapitre 1

Engager la réflexion

Les points clés du chapitre

1. Interroger la notion de sexualité : Il est difficile d'accéder à une définition unique et partagée de la sexualité. De plus, si la sexualité renvoie au domaine de l'intime et de la vie privée, la société tout entière y trouve son mot à dire en véhiculant plus ou moins explicitement des normes et représentations, voire en prescrivant ou proscrivant certains comportements. Quelle compréhension de la sexualité avons-nous ? Quelles en sont nos représentations individuelles et collectives ?

2. Poser des repères éthiques : Comme pour tout projet d'action, vouloir avancer sur la prise en compte de la sexualité en ESSMS suppose d'avoir défini des règles du jeu. Plusieurs garde-fous éthiques sont à définir afin d'éviter certains écueils qui risqueraient au mieux de ne pas faire avancer le débat et, au pire, de renforcer les problèmes déjà existants.

3. Maîtriser les questions de droit : Il n'existe pas de code des pratiques sexuelles, mais un ensemble de droits protégeant des libertés individuelles, statuant sur les relations entre adultes et mineurs, pénalisant certains comportements. Selon le public et face aux multiples interrogations que la question de la sexualité des personnes accueillies en ESSMS soulève, il importe de disposer d'un cadre de références solide.

Interrogez la notion de sexualité

La sexualité nourrit une telle littérature dans de si nombreuses disciplines qu'il n'est pas vain de s'interroger avant tout sur sa nature exacte. Mais une définition ne suffit pas… Les personnes accompagnées, leur famille, les professionnels, l'environnement, la société tout entière sont pétris de normes, de valeurs, de points de vue à ce sujet. Est-il possible d'aborder cette thématique avec simplicité et en toute sérénité alors qu'elle interpelle nos repères moraux et parfois nos ambivalences ? S'interroger sur la nature de la sexualité humaine, sa place dans notre société et les messages et attentes formulés par cette dernière est le préalable nécessaire à toute réflexion.

Parlons-nous vraiment de la même chose : quelles définitions de la sexualité ?

Le terme de sexualité renvoie très souvent à une considération restreinte, exclusivement génitale de l'acte sexuel. Une réflexion sur la sexualité, d'autant plus qu'elle est prise en compte ou accompagnée par une institution, doit pouvoir aussi intégrer les différentes dimensions qui la constituent : l'identité sexuelle, le plaisir, l'affection, l'attachement, le désir, l'éducation sensorielle, l'intimité…

C'est ce que tentent de faire les nombreux programmes nationaux ou internationaux en baptisant leurs projets : « Vie affective et sexuelle », « Éducation à la vie affective, amoureuse et sexuelle », par exemple. Ce faisant, et bien qu'ils ouvrent aux différentes natures de la vie intime, ils cloisonnent paradoxalement dans un même mouvement ce qui est de l'ordre de la sexualité et de l'affectivité.

Ce principe d'opposition est inscrit au plus profond de notre culture, créant ainsi dans nos représentations une dichotomie entre ce qui serait amour, tendresse, sentiments fusion, d'une part, et plaisir, génitalité, d'autre part. Des registres qui seraient, de plus, réservés respectivement aux femmes et aux hommes.

D'autres oppositions structurent aussi notre pensée comme la distinction fondamentale entre sexualité et spiritualité. Des siècles de religion judéo-chrétienne ont véhiculé dans nos pensées un schisme entre l'éveil spirituel et le corps. Et pourtant, l'expérience de l'extase spirituelle est très proche de l'extase sexuelle. La recherche d'« Unité » dans le cadre d'une réalisation spirituelle (voir les travaux de Maslow sur le besoin de dépassement de soi) ne peut pas se réaliser dans la négation du corps et de la sexualité.

Comment accéder à une définition partagée de la sexualité tant nos comportements et nos représentations sont guidés par les cultures et religions dominantes, et font l'objet d'âpres débats et controverses qui en ont amené plus d'un ou d'une au bûcher ?

La sexualité est donc une notion très générale qui recouvre plusieurs dimensions :

- l'existence d'organismes biologiques sexués dotés d'un sexe mâle ou femelle permettant la procréation ;
- un comportement sexuel et érotique à visée de stimulation sensuelle et de plaisir érotique ;
- des émotions, sentiments, affects en relation avec le comportement sexuel ;
- des représentations, systèmes de croyance, valeurs forgées à un niveau individuel et collectif (régulation par des normes sociales) définissant ce qui est prescrit, anormal ou interdit.

Sexualité (définition de l'OMS)

« La sexualité est un aspect central de la personne humaine tout au long de la vie et comprend le sexe biologique, l'identité et les rôles sexuels, l'orientation sexuelle, l'érotisme, le plaisir, l'intimité et la reproduction. La sexualité est vécue et exprimée sous forme de pensées, de fantasmes, de désirs, de croyances, d'attitudes, de valeurs, de comportements, de pratiques, de rôles et de relations. Alors que la sexualité peut inclure l'ensemble de ces dimensions, toutes ne sont pas toujours vécues ou exprimées par chacun. La sexualité est influencée par l'interaction de facteurs biologiques, psychologiques, sociaux, économiques, politiques, culturels, éthiques, juridiques, historiques, religieux et spirituels. »

(Traduction libre de : *Standards for Sexuality Education in Europe*, Cologne, 2010.)

Quels statut et place pour la sexualité dans la vie humaine ?

Indéniablement, la sexualité humaine est fondée sur une base biologique. C'est une composante du vivant qui nous anime, finalisée par la recherche de la survie de l'espèce et soutenue par des jeux complexes hormonaux et physiologiques.

Le sens que nous en donnons et notre expérience sont en revanche des constructions acquises par notre propre histoire, nos conditionnements sociaux. La vie sexuelle de l'adulte est tout d'abord conditionnée par son développement psychosexuel en tant qu'enfant : apprentissages sexuels, développement des modes d'excitations sexuels (stades du développement de la sexualité décrits par Freud), messages reçus concernant la sexualité et les identités masculine et féminine, expériences visant à combler les besoins de fusion, narcissiques et d'individuation, développement de l'estime de soi, éducation sexuelle... Tout cela en interaction étroite avec une culture donnée, productrice de discours et normes plus ou moins exigeants et paradoxaux.

La sexualité, comme expérience de vie de l'être humain, va donc bien au-delà des conditions physiques, psychiques, intellectuelles, sociales de la personne. La forme et l'étendue des réponses que les hommes et les femmes donnent (et continuent à inventer) à leur sexualité amènent à voir aujourd'hui la sexualité comme un ensemble de réponses plurielles, multidimensionnelles et illimitées dans les créations imaginaires. Il n'existe donc pas une sexualité humaine, mais des sexualités, toutes individualisées.

Reconnaître les normes et les messages véhiculés aujourd'hui en matière de sexualité

Si la sexualité est bien une construction sociale, le rôle de la société est de produire des normes explicites ou implicites dictant nos représentations et nos comportements.

Ce discours n'échappe pas, bien au contraire, aux personnes en situation de vulnérabilité. Il suffit de voir le rôle de la télévision dans les lieux de vie délivrant, parfois en continu, ces messages médiatiques. Des personnes accueillies en établissement sont ainsi baignées dans des images du corps, de l'érotisme, du romantisme, de la performance sans avoir toujours les moyens de confronter ces représentations à la réalité.

Mais c'est aussi l'ensemble des citoyens qui peut vivre avec difficulté cet écart entre les prescriptions médiatiques et leur vie réelle. Les courriers des lecteurs, les demandes de consultation en psychothérapie ou sexothérapie témoignent des doutes, des interrogations et des frustrations ressenties issus de la confrontation à une pseudo-norme.

De la libération sexuelle à l'exigence du bonheur sexuel...

Notre société, depuis les années 1960, a opéré une révolution sexuelle. Parler aujourd'hui de sexualité n'est plus répréhensible moralement, cela devient même une obligation de bien-être. Nous baignons dans une société du droit au plaisir et au désir. Toute baisse de libido s'accompagne alors immanquablement d'une remise en cause du couple, de l'alimentation, du travail, de la santé... Et les réponses ne manquent pas : consultations spécialisées en sexothérapie, molécules du désir et de ses manifestations... Mais tout se passe comme si l'on courait après un désir que la pression sociale exacerbe et situe toujours en dehors de nous.

À la recherche de la normalité...

Paradoxalement, on peut remarquer que les personnes aspirent tout autant à l'individualisation qu'à la normalisation de leur sexualité. Ceci pouvant être interprété comme un besoin de lutter contre des angoisses et de vérifier son appartenance à une normalité...

Même si l'opinion proclame qu'il n'y a pas de normes en matière sexuelle, il faut reconnaître que l'on parle bien également de dysfonctionnements.

Les dimensions de la « normalité » sexuelle

La normalité biologique : elle fait référence à la complémentarité anatomique et fonctionnelle des organes génitaux. Une relation →

→

normale convoque donc un pénis et un vagin dans le but de procréer. Selon cette conception, seule la relation hétérosexuelle est donc normale. Même si dans la nature, des comportements homosexuels existent chez les animaux...

La normalité fonctionnelle : même si celle-ci est définie médicalement, les frontières entre le normal, le trouble occasionnel et le pathologique sont difficiles à tracer (troubles de l'érection, douleurs, éjaculation prématurée, frigidité, sécheresse vaginale...).

La normalité statistique : sont considérés comme anormaux tous les comportements n'étant pas adoptés par une majorité. Et les chiffres foisonnent : de l'âge du premier rapport, de la fréquence des rapports, du nombre de partenaires jusqu'à la taille du sexe.

La normalité morale : elle fait référence aux comportements jugés bons ou mauvais par des institutions sociales, aux comportements prescrits ou interdits par les religions.

La normalité légale : il s'agit des comportements qui ne nuisent pas aux autres ou à la société et ne tombent pas sous le coup de la loi, contrairement au viol, à l'exhibitionnisme, à la pédophilie...

Le culte du corps et de la performance

L'impératif d'image et de performance touche aussi bien les hommes que les femmes. Notre société nous renvoie sans cesse au culte du corps : jeunisme, beauté, allant jusqu'à retoucher des portraits et des corps de modèles déjà considérés comme des canons de beauté. Certes, ce n'est pas nouveau et toutes les sociétés dans leur histoire ont développé des standards de beauté et de séduction... Cependant, il semble bien que notre société soit prise dans un mouvement où il convient de lutter contre tout désagrément, toute imperfection.

Une pression énorme est induite par une surmédiatisation et un accès immédiat à l'information (dont la pornographie) rendant obligatoire savoir-faire, performances et leur cohorte d'angoisses de résultats.

S'agit-il d'une volonté de créer davantage de frustration pour alimenter notre société de consommation ? Ou bien d'une quête insatiable de maîtrise de l'homme ?

S'il est difficile pour tout un chacun d'échapper à ces pressions, prescriptions et normes, quelles résonances peuvent-elles avoir pour une personne qui, du fait de sa condition physique, mentale ou sociale, se sent, à tort ou à raison, déjà en dehors de la norme ?

La définition de la santé sexuelle selon l'OMS

« La santé sexuelle fait partie intégrante de la santé, du bien-être et de la qualité de vie dans leur ensemble.

C'est un état de bien-être physique, émotionnel, mental et social en relation avec la sexualité, et non pas simplement l'absence de maladies, de dysfonctionnements ou d'infirmités.

La santé sexuelle requiert une approche positive et respectueuse de la sexualité et des relations sexuelles, ainsi que la possibilité d'avoir des expériences sexuelles agréables et sûres, sans contrainte, discrimination et violence. Pour atteindre et maintenir un bon état de santé sexuelle, les droits sexuels de tous les individus doivent être respectés et protégés.

Beaucoup d'efforts doivent encore être consentis afin de s'assurer que les politiques et les pratiques de santé publique reconnaissent cet état de fait et en tiennent compte[1]. »

1. À lire sur le site Internet : www.euro.who.int/fr/what-we-do/health-topics/Life-stages/sexual-and-reproductive-health/news/news/2011/06/sexual-health-throughout-life/definition

Posez des repères éthiques

Avant toute recherche de réponses, votre établissement doit se doter d'un cadre de référence éthique pour structurer la réflexion et cadrer les démarches à entreprendre.
Son énoncé avec l'ensemble des parties prenantes et prioritairement les professionnels est un préalable à l'action. Celui-ci peut prendre appui sur plusieurs principes centraux.

Reconnaître que toute personne est sexuée

Cela semble une évidence, mais la reconnaissance par les différentes parties prenantes que la personne est sexuée est dans bien des cas le premier principe à faire valoir. Par reconnaissance, nous entendons véritablement regard et prise en compte du genre, impliquant l'existence de fait d'une sexualité. Les problématiques ou handicaps dont sont porteurs les personnes ne les rendant pas asexuées.

Dans les faits, la sexualité peut facilement être mise de côté, exclue implicitement du champ de l'établissement, mais aussi totalement niée.

Ceci peut notamment concerner les personnes avec des déficiences motrices ou intellectuelles. Les premières, selon leur handicap, en raison d'une supposée privation de sexualité du fait de leur situation (de même pour les personnes âgées : la perte de vitalité, l'approche de la mort, la dégradation des corps) ; les secondes, en raison du retard mental et d'une immaturité affective qui ne leur aurait pas permis d'accéder à l'adolescence (par exemple, difficultés pour les parents de considérer que leur enfant n'est plus « un enfant »).

D'une manière générale, les problématiques et troubles à l'origine de l'accueil de la personne risquent toujours de faire passer au second plan des caractéristiques intrinsèques des personnes (leur sexe, mais aussi certains aspects de leur personnalité), ces dernières n'étant pas au cœur des missions de l'établissement et des professionnels.

Exemple

Dans une section accueillant des préadolescents et adolescents (11 à 15 ans) au sein d'un ITEP, l'accompagnement à l'adolescence, la prise en compte de la sexualité ne sont pas énoncés, ni dans le projet d'unité, ni dans le projet d'établissement... Dans les faits, les professionnels se disent en difficulté pour aborder ces questions, que ce soit entre eux, avec les jeunes ou leur famille. La grille de lecture des troubles du comportement ne semble ainsi pas du tout intégrer les réaménagements psychiques liés à l'adolescence également présents, indépendamment des troubles pouvant par ailleurs exister.
À noter cependant que la difficulté de reconnaître la sexualité de la personne handicapée n'est pas l'apanage des établissements et services sociaux et médico-sociaux... Dans les toilettes publiques, on trouve des toilettes hommes, des toilettes femmes et des toilettes pour personnes handicapées. Dans ce dernier cas, pourquoi la distinction de genre n'est-elle plus nécessaire ?

Affirmer que le statut d'usager n'est pas en soi une entrave à la sexualité

Le statut d'usager d'ESSMS peut se définir par le fait qu'une personne se trouve dans une situation telle qu'elle nécessite un accompagnement social ou médico-social.

Cette situation comporte dans tous les cas des caractéristiques vectrices de difficultés importantes que ce soit au niveau de la santé, du développement, de l'autonomie ou de l'intégration sociale. Qu'il s'agisse de déficiences physiques, sensorielles, mentales, de troubles du comportement ou psychiques, de carences éducatives, d'isolement, de précarité socio-économique, ces difficultés, selon leur gravité, se répercutent directement sur les actes élémentaires de la vie quotidienne, les possibilités d'agir, d'entrer en relation. Peut-on imaginer qu'elles n'impactent pas tout autant la possibilité de répondre à une pulsion sexuelle et plus encore la capacité à vivre une sexualité épanouie ?

De même, la prise en compte de la sexualité est-elle réellement une question prioritaire, y compris pour les personnes, compte tenu justement de l'ensemble de leurs besoins ?

Enfin, les conditions d'accueil et d'accompagnement peuvent également apparaître comme autant de freins pour une vie sexuelle :

- difficultés à préserver l'intimité (présence du collectif, accès à plusieurs aspects de la vie privée par les professionnels) ;
- complexité de se saisir de ces problématiques en équipe pour des raisons multiples (poids de la morale et des représentations de chacun, impression d'intrusion) ;
- primat des missions à rendre par l'établissement.

L'ensemble des facteurs précédents pèsent évidemment comme autant de contraintes pouvant restreindre les possibilités d'accès à une vie sexuelle. Pourtant, il est fondamental de considérer que la situation de la personne (son handicap, ses difficultés sociales...), ou ses conditions d'accueil et d'accompagnement et des limitations, n'impliquent pas de fait une privation de sexualité.

Ce principe peut être posé dès lors que :

- l'on accède à une conception globale de la sexualité non exclusivement centrée sur l'acte sexuel (voir développement précédent, page 10) ;
- l'on considère qu'il y a, chez la personne, dans son environnement et dans l'institution, des atouts et des leviers permettant de faire évoluer la situation telle qu'elle se présente actuellement. Le champ du possible ne se limite pas à ce qui reste une fois que l'on a retranché l'ensemble des problèmes et des freins. Le contexte de vie de la personne présente des potentialités qu'il s'agit de faire émerger.

Si le poids des difficultés et le contexte d'accompagnement sont vus comme statiques et bloquant mécaniquement toute possibilité d'appréhender la sexualité, alors aucune évolution n'est envisageable.

En résumé, il convient d'affirmer que les personnes accompagnées ne sont pas condamnées, du fait de leur situation, à avoir une sexualité misérable ou inexistante. Signalons au passage que la réciproque est également vraie : des frustrations, des privations existent pour des personnes qui ne sont pas accueillies en établissement.

Postuler que la sexualité des usagers n'est pas à part

Les personnes n'ont pas une sexualité spécifique du fait de leur situation, de leur handicap, de leur statut d'usager ou encore de leur accompagnement... Les questions et problématiques liées au plaisir, au désir, au genre, au rapport à l'autre, à la filiation sont ainsi à considérer comme identiques pour tout un chacun.

L'affirmation de ce principe rend donc l'approche de cet objet en établissement particulièrement difficile. En effet, ce « tout un chacun » englobe bien à la fois et de la même manière les usagers et les professionnels qui les accompagnent (l'éducateur, l'assistante sociale, le psychologue, le médecin, le directeur, le président de l'association gestionnaire...).

Or, les professionnels ne sont théoriquement pas concernés par les difficultés rencontrées par les personnes accompagnées (telles qu'elles justifient leur accueil en établissement). Il est par contre tout à fait possible que certaines interrogations, difficultés, frustrations, relatives à son corps, sa sexualité, son plaisir, au désir d'enfant, à sa relation de couple résonnent très fortement avec leur situation personnelle. De plus, les réponses professionnelles apportées individuellement ou collectivement dépendront de la manière dont chacun peut entrevoir le problème ou non et des réponses qu'il y apporte pour son cas personnel.

Rappelons que ceci reste problématique dans la mesure où notre société et notre culture pèsent très lourdement sur notre capacité à traiter des questions de sexualité de manière simple, sans complexe, ni tabous.

La proximité et la similarité des questions peuvent, dès lors que l'on n'y est pas préparé, déstabiliser les professionnels et abolir des mécanismes de défense utiles : mise à distance, envahissement par les problématiques des personnes, projections... Cette situation ne rend pas, loin de là, les professionnels incompétents en la matière, mais implique qu'ils se confrontent à leur propre sexualité pour aborder celle des autres.

S'abstenir de porter un jugement sur les formes de sexualité

Choix sexuels hétéro ou homosexuels, fixations érotiques sur des objets ou des situations, sexe en groupe, langage cru ou romantique... toutes formes de sexualité s'expriment aussi par les personnes en situation de handicap. Dans l'intimité de chez soi, chacun peut découvrir, expérimenter et exprimer ses choix. La proximité avec la personne accompagnée, le caractère collectif de l'accueil, la mission même d'écoute, de soin et d'accompagnement au quotidien confrontent le professionnel à l'intimité de la personne.

Malgré la liberté sexuelle affichée dans notre société (et dans son cadre législatif), il faut admettre que la sexualité reste traversée de préjugés et de morale, chaque personne accédant à un degré d'ouverture et de tolérance plus ou moins important, en fonction de sa culture, de son éducation et de ses expériences. Même avec la plus grande ouverture, il n'est pas rare de constater que nous avons tous nos limites en termes d'acceptation d'une forme ou d'une autre de sexualité... accepter et tolérer ne signifiant pas forcément être en mesure d'accompagner.

Si chacun de nous peut exprimer, non sans peine parfois, un discours sur la sexualité, il n'en connaît pas toujours les origines, la part de son histoire personnelle et de sa culture. Le risque, dans la relation professionnelle, est de projeter des valeurs, d'avoir une vision tronquée des choses, de ne pas être centré sur les besoins ou la demande de la personne et d'offrir des réponses non adaptées. Comment, par exemple, respecter l'intimité amoureuse de deux personnes âgées en institution, si cette vision déborde son seuil d'acceptation et est rendue intolérable, car renvoyant aux relations entre ses parents ou à la représentation de sa propre sexualité ?

Difficile, dans ces cas, de ne pas laisser transparaître un jugement moral sur la sexualité de la personne, une désapprobation implicite de ces agissements, conduisant à de la frustration ou de la culpabilité.

Prendre en compte la sexualité d'une personne accompagnée dans un établissement ou à domicile, que celle-ci soit mineure, handicapée ou dépendante, nécessite en effet de la part du professionnel et de votre institution de pouvoir se distancier de ses jugements et valeurs personnelles. Pour cette raison encore, il est primordial de mener une réflexion approfondie sur sa propre vision de la sexualité.

Poser le primat de la responsabilité individuelle sur les choix en matière de sexualité

La nature, la fréquence des pratiques sexuelles, le choix, le nombre de partenaires, successifs ou simultanés... bref, toute question de choix de sexualité relève de la responsabilité de la personne (voir le développement suivant concernant les limites relevant des droits et libertés individuelles, page 25).

Aucune sexualité ne peut ainsi être préconisée ou encore moins dictée en particulier dans une optique de conformité, d'atteinte d'un soi-disant idéal.

Comme pour tout un chacun, il reste cependant difficile d'échapper à toute prescription sociale ou de ne pas tenir compte des messages implicites ou explicites de ses proches (parents, amis ou professionnels).

Exemple

Dans un foyer d'hébergement pour adultes handicapés, une femme a des relations sexuelles avec deux hommes du foyer. L'équipe et les familles s'interrogent sur la manière d'aider la résidente ou de convaincre l'un des deux partenaires de rompre. Alors que les représentations vont bon train (« ménage à trois », triolisme), aucun élément n'est cependant avancé permettant de conclure à l'existence d'un problème : aucun des trois résidents ne se plaint de la situation et ils en semblent tout à fait heureux, il n'y a pas de répercussion sur leur intégration

> professionnelle ou sociale, ni sur les autres membres du foyer. Les seuls arguments évoqués renvoient à la norme et la moralité (cela ne se fait pas).
> Chercher à orienter ou rééduquer la sexualité d'une personne n'est pas admissible. Cela n'est bien sûr pas comparable au fait d'apporter un cadre de référence en la matière, définissant notamment des limites à prendre en compte (le respect des libertés de chacun, du consentement, des lois...).

Adopter une approche collective et pluridisciplinaire

La complexité du thème et le manque de repères pour traiter ces questions en établissement ou service social ou médico-social impliquent également de réfléchir sur le mode d'approche à privilégier par votre institution.

D'une part, il est nécessaire de se doter de ressources diverses permettant une approche de la sexualité dans ses différentes dimensions. Le cas contraire amènerait à une vision tronquée et donc à des réponses inadaptées. Cela traduirait par contre ce que l'établissement est en mesure d'aborder et son degré de maturité sur la question (caricaturalement, une approche de la sexualité sous le seul prisme de la prévention des IST ou de la procréation chez le mammifère).

D'autre part, face à cette complexité, une autre tentation est de confier l'ensemble de ces questions à un spécialiste, que ce soit en externalisant des formes d'accompagnement ou en nommant un « référent sexualité » en interne, disposant de formations et de compétences *ad hoc*.

Ne nous y trompons pas, vouloir faire de la sexualité un domaine réservé à quelques professionnels, à un spécialiste ou un intervenant extérieur traduit bien une forme d'évitement de traiter le fond du sujet.

Les évolutions possibles dans ces cas risquent d'être limitées, périphériques ou peu durables. La mobilisation du collectif des professionnels et le fait que chacun doive participer à la réflexion font ainsi partie des règles du jeu à poser d'emblée.

Exemple

Un foyer de vie pour adultes handicapés engage un cycle d'actions sur le thème de la sexualité, qui s'est quelque peu imposé par certains événements (principalement : revendication forte et explicite d'un couple souhaitant partager la même chambre et refusant ouvertement de respecter le règlement de fonctionnement).

Des formations à destination des professionnels ainsi qu'un groupe de paroles et des séances d'éducation à la sexualité pour les résidents se mettent en place. Cependant, cette dynamique n'est pas véritablement inscrite dans le projet d'établissement en cours d'élaboration. Bien que l'ensemble du personnel ait été sollicité, tous n'ont pas souhaité participer aux formations dispensées. Finalement, seuls deux professionnels sont réellement impliqués. Une moitié du personnel a pu cheminer et reste ouverte à ces questions, mais demeure en retrait et en difficulté pour les aborder avec les personnes (la réponse la plus fréquente étant d'orienter vers leurs collègues). Enfin, l'autre moitié se dit non concernée ou opposée à tout travail en ce sens.

S'il est indéniable que ces actions ont permis des changements dans les pratiques (modifications des règles de vie, dont notamment la possibilité pour un couple de partager la même chambre), ceux-ci demeurent fragiles (contrebalancés par des attitudes contradictoires du personnel) et peuvent être remis en question à un moment (par exemple, après le départ d'un professionnel usé de porter seul la démarche).

Susciter et aborder les débats éthiques dans l'institution

L'éthique ne se résume pas à l'application de principes. Il est important de nommer et reconnaître les situations problèmes. La prise en compte des phénomènes de sexualité fait apparaître de nombreux paradoxes : contradictions entre le droit, la morale, l'usage ; dilemmes entre missions de protection, recherche de l'autonomie, respect de l'intimité...

Il est alors profitable de ne pas laisser des professionnels isolés, arbitrer eux-mêmes ces conflits éthiques. Des instances de réflexion peuvent être mobilisées : commission éthique de l'établissement, de l'association, recours à des dispositifs d'analyse des pratiques, commissions départementales. Des instances nationales comme le Comité national des avis déontologiques peuvent être saisies (cnad.cnrd@gmail.com ou www.rnce.fr/).

Maîtrisez les questions de droit

Les professionnels expriment un besoin de sécurisation juridique concernant les différents aspects de la vie sexuelle des personnes accompagnées. Le droit n'est pas une fin en soi, mais doit incontestablement vous donner des repères pour faire respecter les droits des personnes, assurer leur sécurité et rappeler les responsabilités professionnelles.
Les arbitrages portant sur les modalités d'accompagnement individuel ou les pratiques collectives sont pour autant complexes : ils concernent des acteurs différents (personnes accompagnées, représentants légaux, représentants associatifs, professionnels) avec leurs différentes approches, des contextes très variés (des situations transitoires, accompagnements au domicile...) et des responsabilités multiples (pénale, civile, disciplinaire).

Appréhender le droit du sexe

Précisons d'abord que, s'il existe un droit du sexe régissant l'usage des libertés individuelles et garantissant la protection des personnes, le sexe n'est pas un droit. Il appartient à l'État de garantir à chacun le droit de mener sa vie sexuelle comme il l'entend et d'assurer la protection des personnes. Mais, en aucune façon, l'État ne peut garantir aux citoyens la satisfaction de leurs besoins sexuels. Et cela même si les politiques publiques reconnaissent, par exemple, l'importance de la vie sexuelle en matière de santé (voir les recommandations de l'OMS), voire prônent, depuis la loi du 11 février 2005 sur l'égalité des droits des personnes handicapées, l'accès aux droits fondamentaux et « le droit à compensation des conséquences de son handicap ».

Principe de la liberté sexuelle

Définie comme « le droit de faire tout ce que l'on veut avec son sexe à condition de ne pas porter atteinte aux droits des tiers ou à la société[2] », la liberté sexuelle rappelle qu'un État n'a pas à imposer une morale sexuelle fondée sur la religion, les bonnes mœurs.

C'est ainsi que notre droit reconnaît tout autant le droit à l'abstinence, le droit de se marier, de se pacser, de fonder une famille, de vivre en concubinage, de choisir ses partenaires sexuels (hétérosexualité, homosexualité ou transsexualité), de choisir ses pratiques sexuelles (baisers, caresses, masturbation, fellation, cunnilingus, coït, sodomie, sexe en groupe, paraphilies), le droit d'accès à la pornographie (presse, sex-shops, Internet...).

Les limites principales de cette liberté sont le consentement des partenaires ainsi que la protection des personnes vulnérables.

La protection juridique des différents types d'unions

Toutes les formes d'union en faveur des couples stables (mariage, concubinage, PACS) sont encadrées par notre droit qui leur donne un statut.

Le mariage, qui induit une convention d'exclusivité de services sexuels entre époux, sans limitation de durée, dispose d'un certain nombre d'exclusions : bigamie, inceste, minorité. Cette institution garantit en principe la sécurité affective, sexuelle et matérielle des époux.

Le concubinage ou union libre ne souffre pas des mêmes limites que le mariage : plus de configurations sont permises, et aucune obligation particulière (de fidélité par exemple). Chacun des concubins peut rompre cette union à tout moment. Certains effets, limités par rapport à ceux des personnes mariées ou liées par un PACS existent cependant en matière de naissance d'un enfant, de fiscalité, de prestations sociales ou de logement.

À l'interface du mariage et du concubinage, le PACS implique une vie commune et ouvre à une certaine sécurité matérielle (aide réciproque, assistance mutuelle, droits du pacsé survivant...).

2. Francis Caballero, *Droit du sexe*, LGDJ-Lextenso éditions, 2010.

Les tolérances

Le principe est la liberté complète des personnes en ce qui concerne les pratiques qualifiées de perversion, aujourd'hui de paraphilies.

Il en va de même pour le recours à la pornographie, celle-ci relevant de la liberté d'expression et de communication entre adultes depuis le Code pénal de 1994. L'impératif de protection des mineurs requiert cependant de réprimer l'exposition d'un mineur à un message pornographique (filtrage parental, contrôle des publications, interdiction de diffusion de films classés X...) et d'utiliser leur image. La responsabilité des professionnels est ainsi engagée sur cette obligation de protection, que ce soit à travers les mesures de contrôle des informations (informatiques en particulier), mais aussi à travers toutes les actions d'éducation et de prévention.

Définition de la paraphilie

Paraphilie : de para « à côté » et philie « amour ». Ensemble des pratiques sexuelles qui se différencient des actes traditionnellement considérés comme normaux. Ce terme permettant une définition non péjorative d'intérêts sexuels inhabituels : sadomasochisme, échangisme, urophilie..., la seule limite étant le consentement des partenaires.

En ce qui concerne la prostitution, définie par le décret du 5 novembre 1947 comme l'activité d'une personne qui consent habituellement à des rapports sexuels avec un nombre indéterminé d'individus moyennant rémunération, celle-ci n'est pas interdite mais tolérée, contrairement au proxénétisme, au racolage sur la voie publique (en voie d'abrogation) et au recours à une prostituée mineure ou vulnérable (en voie de généralisation : interdiction d'achat d'un acte sexuel). Il n'est cependant pas possible de la pratiquer en utilisant un contrat.

La France est cependant engagée dans une politique abolitionniste (reconnaissance du (de la) prostitué(e) comme victime d'un système, visant à (le) la protéger et à abolir toute forme d'encouragement par une reconnaissance juridique), contrairement à la politique prohibitionniste (délit troublant l'ordre public) ou réglementariste (contrôler et encadrer la prostitution). Ce débat n'est pas sans incidence sur la question de l'assistance sexuelle (voir ci-après, page 34).

L'évolution législative récente : proposition de loi renforçant la lutte contre le système prostitutionnel

Cette proposition de loi de 2011, adoptée par l'Assemblée nationale le 4 décembre 2013, s'exprime dans un contexte où plusieurs conceptions de la prostitution s'affrontent avec une forte mobilisation des associations abolitionnistes. Elle fait suite à la loi sur la sécurité intérieure qui avait réprimé le racolage. Très controversée, cette loi pose de nombreux problèmes, dont la mise à l'écart non justifiée d'une possible approche réglementariste, des difficultés prévisionnelles d'application et d'un impact négatif sur les prostitué(e)s.

Les propositions principales :

- le renforcement des moyens de lutte contre le proxénétisme ;
- la protection des victimes de la prostitution et la création d'un parcours de sortie de la prostitution ;
- l'abrogation du délit de racolage ;
- l'instauration de l'interdiction d'achat d'acte sexuel en créant une contravention sanctionnant le recours à la prostitution (amende de 1 500 euros, 3 750 euros en cas de récidive).

Les interdits

Notre législation punit le viol de 15 ans de réclusion, ainsi que l'exhibition sexuelle, le harcèlement sexuel, le proxénétisme et la pédophilie.

L'agression sexuelle selon la loi

Le viol : il s'agit d'un acte sexuel incluant une pénétration (vaginale, anale ou orale), imposé par la contrainte physique ou psychologique. Il peut s'agir d'une pénétration d'un objet quelconque dans un orifice sexuel, ou d'une pénétration d'un objet →

→

sexuel dans un orifice quelconque. (« Tout acte de pénétration sexuelle de quelque nature que ce soit commis sur la personne d'autrui par violence, contrainte, menace ou surprise est un viol », article 222-23 du Code pénal).

Les agressions sexuelles (autre que le viol) : actes, attouchements illicites ou impudiques exercés avec ou sans violence sur une personne non consentante ou ne pouvant y consentir ; l'article 222-22 du Code pénal définit comme agression sexuelle « toute atteinte sexuelle commise avec violence, contrainte, menace ou surprise ».

L'exhibition sexuelle : acte qui consiste à dévoiler en public ses parties intimes ou des actes sexuels (l'exhibition sexuelle « imposée à la vue d'autrui dans un lieu accessible au regard du public est punie d'un an d'emprisonnement et de 15 000 euros d'amende », article 222-32 du Code pénal).

Il convient aussi de rappeler aux professionnels que le Code pénal prévoit une peine de prison et d'amende pour toute personne ayant autorité (parent, directeur, professionnel) qui avec ou sans accord de la personne vulnérable effectuerait sur celle-ci ou demanderait d'effectuer sur lui-même un acte sexué. Par exemple, un éducateur (personne ayant autorité) qui masturberait une personne handicapée (personne vulnérable) relève d'une peine au pénal. Ceci n'est pas sans lien avec les limites du soin et les problématiques de l'assistance sexuelle (voir page 34).

Code pénal, article 222-13

« Les violences ayant entraîné une incapacité de travail inférieure ou égale à 8 jours ou n'ayant entraîné aucune incapacité de travail sont punies de 3 ans d'emprisonnement et de 45 000 euros d'amende lorsqu'elles sont commises :

1° sur un mineur de 15 ans ;

2° sur une personne dont la particulière vulnérabilité, due à son âge, à une maladie, à une infirmité, à une déficience physique ou psychique ou à un état de grossesse, est apparente ou connue de leur auteur.

→

> →
> [...]
> Les peines encourues sont portées à 5 ans d'emprisonnement et à 75 000 euros d'amende lorsque l'infraction définie au premier alinéa est commise sur un mineur de 15 ans par un ascendant légitime, naturel ou adoptif ou par toute autre personne ayant autorité sur le mineur. Les peines sont également portées à 5 ans d'emprisonnement et 75 000 euros d'amende lorsque cette infraction, ayant entraîné une incapacité totale de travail inférieure ou égale à 8 jours, est commise dans deux des circonstances prévues aux 1° et suivants du présent article. Les peines sont portées à 7 ans d'emprisonnement et 100 000 euros d'amende lorsqu'elle est commise dans trois de ces circonstances. »

La loi sanctionne aussi les clients faisant appel à des personnes prostituées mineures ou particulièrement vulnérables. L'article 225-12-1 du Code pénal dispose que « le fait de solliciter, d'accepter ou d'obtenir, en échange d'une rémunération ou d'une promesse de rémunération, des relations de nature sexuelle de la part d'un mineur qui se livre à la prostitution, y compris de façon occasionnelle, est puni de 3 ans d'emprisonnement et 45 000 euros d'amende. Est puni des mêmes peines le fait de solliciter, d'accepter ou d'obtenir, en échange d'une rémunération ou d'une promesse de rémunération, des relations sexuelles de la part d'une personne qui se livre à la prostitution, y compris de façon occasionnelle, lorsque cette personne présente une particulière vulnérabilité, apparente ou connue de son auteur, due à une maladie, à une infirmité, à une déficience physique ou psychique ou à un état de grossesse ».

Le droit à disposer de son corps

La sexualité repose sur le principe du respect de la vie privée mais aussi sur le principe d'intégrité, d'inviolabilité du corps humain, selon lequel chacun a droit au respect de son corps. Dans notre droit, le corps en effet ne peut pas être considéré comme un bien ou une chose. Un respect particulier lui est dû.

La contraception et l'IVG

Le droit à la contraception institué depuis la loi du 28 décembre 1967 offre aujourd'hui une large palette de dispositions sur les contraceptifs (pilule, stérilet, diaphragme...), leurs modalités de distribution et de remboursement par la Sécurité sociale.

Le droit à l'interruption volontaire de grossesse, encore plus soumis au débat social, confirme la reconnaissance de la liberté de choix entre plaisir et procréation. La procédure d'IVG pratiquée avant la douzième semaine prévoit la consultation d'un médecin, la remise d'un dossier-guide, une confirmation écrite de la demande, ainsi que la consultation facultative d'un service social.

L'interruption de la grossesse d'autrui en dehors des cas prévus par la loi et la fourniture à la femme des moyens de pratiquer une IVG sont des délits punis d'emprisonnement. Par ailleurs, l'entrave ou la perturbation d'une IVG sont aussi fortement réprimées.

Le cas particulier de la stérilisation

La loi du 4 juillet 2001 prévoit sous certaines conditions une ligature des trompes et canaux à visée contraceptive pour des personnes majeures dont « l'altération des facultés mentales constitue un handicap et a justifié le placement sous tutelle ou curatelle ».

Des conditions sont obligatoirement requises :

- la constatation par un comité d'experts d'une contre-indication médicale absolue ou d'une impossibilité de contraception ;
- la décision du juge des tutelles saisi par la personne concernée, ses parents ou son représentant légal. Le consentement de la personne doit être systématiquement recherché.

Principe du consentement à une relation sexuelle

La loi française présume que tous les individus concernés sont consentants à une relation sexuelle. Elle ne fait pas de distinction pour les personnes handicapées. Il est illégal de forcer le consentement d'une personne par menace, violence ou surprise, ou bien d'abuser de son autorité sur une personne de moins de 15 ans. La liberté reste toutefois le principe général, que l'on soit doté de toutes ses facultés mentales ou non.

Appréhender les libertés et restrictions sexuelles des mineurs

■ Âge de la majorité sexuelle

L'âge de la majorité sexuelle chez nos voisins

16 ans : Royaume-Uni, Belgique, Pays-Bas, Luxembourg, Suisse, Finlande

15 ans : Danemark

13 ans : Espagne

La notion de majorité sexuelle, fixée aujourd'hui en France à 15 ans, définit l'âge à partir duquel un mineur peut avoir une relation sexuelle avec une personne majeure, que ces relations soient homosexuelle ou hétérosexuelle. La majorité matrimoniale renvoie quant à elle au droit de conclure un mariage. L'âge est fixé à 18 ans pour les garçons et les filles (il était de 15 ans pour les filles jusqu'en 2006. Il a été relevé en particulier pour garantir leur protection contre les mariages forcés).

Un mineur de 15 ans est donc libre d'avoir des relations sexuelles avec un majeur car il est reconnu en capacité de comprendre la portée de ses actes, de consentir à une relation ou d'éconduire des propositions sexuelles. Il est en outre autorisé à vivre en concubinage sans toutefois avoir le droit de conclure un PACS. Notons toutefois que cette liberté est toute relative, puisque l'enfant mineur demeure soumis à l'autorité de ses représentants légaux qui peuvent lui interdire certaines fréquentations, sorties...

La vulnérabilité des mineurs est cependant prise en compte notamment au regard des personnes ayant autorité sur eux : parents, éducateurs, enseignants. Même le consentement ne lève pas l'interdiction de toute relation sexuelle. Ces interdits renvoient à la prohibition de l'inceste entre parents et enfants, ainsi qu'à la prise en compte des états de « contrainte morale » pouvant exister entre un éducateur et un adolescent.

Relations sexuelles entre personnes (mineurs, majeurs)

Âges	Régime général
Mineur de moins de 15 ans et mineur de moins de 15 ans	Autorisé sous réserve de restrictions (personnes ayant autorité)
Mineur de moins de 15 ans et majeur	Interdit
Mineur de 15 à 18 ans et mineur de 15 ans	Autorisé sous réserve de restrictions (personnes ayant autorité)
Mineur de 15 à 18 ans et majeur	Autorisé sous réserve de restrictions (personnes ayant autorité)

La liberté des mineurs est par ailleurs limitée dans le cadre de l'utilisation de leur image pour lutter contre la pédopornographie, ainsi que dans la pratique de la prostitution, interdite aux mineurs.

■ L'accès à la contraception et à l'IVG pour les mineures

Une mineure n'a pas besoin de l'autorisation de ses parents, titulaires de l'autorité parentale, pour la prescription, la délivrance et l'administration de contraceptifs. L'accès à la pilule du lendemain non soumise à prescription s'effectue à titre gratuit dans les pharmacies. Les centres de planification ont le droit de délivrer, à titre gratuit, des médicaments ou des objets contraceptifs aux mineurs désirant garder le secret.

En ce qui concerne l'IVG, si le consentement de l'un des titulaires de l'autorité parentale n'est pas recueilli, la mineure, choisissant de garder le secret dans la procédure, peut se faire accompagner de la personne de son choix. L'avis d'un médecin et la consultation d'un centre de planification familiale ou d'un service social sont cependant obligatoires.

Des mesures pour améliorer l'accès à la contraception

« De nombreuses jeunes filles rencontrent encore des difficultés à s'engager dans une démarche contraceptive adaptée à leur situation en raison de contraintes sociales et financières. →

→
Pour faciliter l'accès à la contraception, la loi garantit le secret de la délivrance et de la prise en charge des contraceptifs pour les jeunes filles mineures.

Elle instaure aussi pour les jeunes filles mineures âgées d'au moins 15 ans une gratuité qui résulte :

- du tiers payant sur la part des dépenses prises en charge par l'assurance-maladie (part obligatoire) pour les consultations et les examens biologiques nécessaires à la contraception, et pour les actes donnant lieu à la pose, le changement ou le retrait d'un contraceptif ;
- du remboursement à 100 % des contraceptifs remboursables (spécialités pharmaceutiques et dispositifs médicaux) délivrés en pharmacie, sur prescription médicale.

Dans cette situation, vous n'avez pas à obtenir le consentement de vos parents pour consulter et obtenir une contraception et le secret médical doit être gardé. L'assurance-maladie est tenue à la confidentialité : à votre demande, elle ne fera pas mention de la délivrance d'un contraceptif sur les relevés de remboursement. »

Extrait du site Amel : l'assurance maladie www.ameli.fr/assures/soins-et-remboursements/combien-serez-vous-rembourse/contraception/la-contraception-pour-les-jeunes-filles-mineures.php

Qu'en est-il en France de la question des assistants sexuels ?

L'assistance sexuelle pratiquée dans certains pays est définie dans le rapport d'information parlementaire du 13 avril 2011 sur la prostitution en France comme un service sexuel rendu par des personnes spécifiquement formées à des personnes handicapées, contre rémunération. Dès lors, cette pratique est considérée comme de la prostitution à la différence d'autres pays comme les Pays-Bas, l'Allemagne et la Suisse.

Cette position de principe n'empêche pas les personnes en situation de handicap d'accéder à une vie affective et sexuelle qui leur convienne, selon ce rapport. Ainsi, « la législation actuelle n'empêche pas que soit pratiquée une assistance sexuelle qui serait réalisée à titre bénévole. De fait, la mise en relation d'un assistant sexuel bénévole et d'une personne handicapée ne pose aucun problème au regard de la législation pénale sur le proxénétisme. [...] En deuxième lieu, les pratiques qui sont fréquemment décrites comme étant demandées par les personnes handicapées ne relèvent pas de la législation sur la prostitution et le proxénétisme, mais plutôt d'une certaine forme de tendresse et de contact humain. [...] Dès lors que tout acte sexuel est exclu, il faut noter que rien ne s'oppose à ce que la personne qui réalise un accompagnement sensuel et affectif soit rémunérée. En dernier lieu, des actions liées à l'éducation sexuelle des jeunes femmes et des jeunes hommes en situation de handicap [...] peuvent être entreprises. Par exemple, l'enseignement de la masturbation [...] pourrait trouver sa place dans ce cadre [...]. »

En l'état actuel de notre législation, l'assistance sexuelle étant assimilée à de la prostitution, un professionnel (éducateur, directeur, infirmier) qui accompagnerait ou faciliterait une rencontre entre une personne handicapée et un(e) assistant(e) sexuel(le) pourrait être accusé de proxénétisme. Et pourtant, de profondes attentes et mobilisations sont exprimées à travers de nombreux colloques, associations et fédérations.

Face aux détracteurs qui assimilent l'assistance sexuelle à une forme de prostitution, les expériences étrangères démontrent les distinctions à opérer. D'abord, les assistant(e)s sexuel(le)s sont particulièrement sélectionné(e)s et formé(e)s (recrutement, formation, analyse des pratiques) ; un grand nombre d'entre eux (elles) sont issu(e)s des professions paramédicales. L'adhésion à une charte déontologique est prescrite : décryptage des besoins, information, respect de l'intimité... Enfin, les formes de cet accompagnement sont loin des clichés de la prostitution : importance accordée à l'écoute de la personne, diversité des réponses (vision du corps, contact peau à peau, massage érotique ou masturbation...), les baisers et la pénétration n'étant pas la règle.

Chapitre 2

Protéger l'intimité, l'intégrité et la santé des personnes

Les points clés du chapitre

1. Préserver l'intimité et la vie privée : C'est le fondement même de tout accompagnement. Les frontières entre vie privée et vie publique sont pour autant complexes à repérer et demandent beaucoup d'attention pour respecter la personne accueillie tant dans ses espaces privés que dans les pratiques de soin et les temps d'informations partagées.

2. Prévenir les violences sexuelles : Longtemps passées sous silence, les agressions sexuelles envers les personnes vulnérables sont aujourd'hui reconnues comme nécessitant une vigilance accrue et doivent s'inscrire dans les plans de prévention de la maltraitance.

3. Préserver la santé des usagers : Dans un contexte de prise en compte accrue des infections sexuellement transmissibles, les structures d'accueil doivent intégrer dans leur projet d'établissement des plans de prévention conciliant protection et droit des personnes.

Préservez l'intimité et la vie privée des personnes

Préalable indispensable à l'accompagnement des personnes, le respect de l'intimité et de la vie privée est aussi un droit fondamental à garantir. C'est à travers une réflexion et des actions autour des frontières que se joue la reconnaissance de l'intimité : la délimitation des espaces privés et publics, les contacts sur le corps, la peau et le regard posé sur la personne, l'information détenue et partagée sur les personnes.

Cerner le droit à l'intimité et à la vie privée des usagers

La notion d'intimité est complexe à définir. Elle renvoie à ce qui est caché ou doit rester caché aux autres, à ce qu'il y a de plus privé, « le jardin secret ». C'est aussi ce qui est au plus profond de quelqu'un, ce qui constitue son essence. L'intimité prend alors plusieurs formes : avec soi-même, avec les autres, intellectuelle, spirituelle, corporelle, affective, sexuelle...

Cependant, on ne peut pas réduire l'intimité à ce qui est strictement personnel. C'est aussi ce qui marque la frontière entre ce qui est personnel et ce qui est partagé avec l'autre. L'intimité en soi n'existe donc pas, elle ne se définit que par rapport à autrui.

L'intimité s'affirme et se définit dans la négociation et le respect des liens et des limites posées avec la personne. C'est bien la question qui se pose particulièrement dans l'accueil en établissement, mais tout aussi bien lors d'une prestation à domicile dans l'intimité de la personne. La notion de soin, l'accueil en structure collective, le travail en équipe confrontent les professionnels et les institutions à ces frontières : les limites du corps, de la peau, avec l'intimité du toucher indispensable dans le soin, la frontière entre le privé et le public toute relative dans un accueil collectif, la limite entre des informations privées, secrètes et le partage d'informations en équipe…

Intimité, vie privée, que dit la loi ?

Code civil, article 9

« Chacun a droit au respect de sa vie privée. »

Article 8 de la Convention européenne des droits de l'Homme

« Toute personne a droit au respect de sa vie privée et familiale, de son domicile et de sa correspondance. »

Charte des droits et libertés de la personne accueillie, article 12

« Le respect de la dignité et de l'intégrité de la personne est garanti. Hors la nécessité exclusive et objective de la réalisation de la prise en charge ou de l'accompagnement, le droit à l'intimité doit être préservé. »

Code de la santé publique, article L. 1110-4 al. 1

« Toute personne prise en charge par un professionnel, un établissement, un réseau de santé ou tout autre organisme participant à la prévention et aux soins a droit au respect de sa vie privée et au secret des informations la concernant. »

Charte du patient hospitalisé, article 7

« La personne hospitalisée est traitée avec égards […]. Le respect de l'intimité de la personne doit être préservé lors des soins […] à tout moment de son séjour hospitalier. »

Si chacun s'accorde sur l'impérieuse nécessité de respecter la vie privée et l'intimité, quels sont alors les facteurs qui font obstacle ?

- l'obligation institutionnelle de protection des personnes qui peut dériver jusqu'à un droit d'ingérence permanent ;
- le poids des habitudes (on entre dans la chambre sans prévenir), le manque de temps ;

- la difficulté à se mettre à la place de l'autre et repérer comment il délimite lui-même ce qui fait son intimité ;
- la confusion des espaces (privés, publics), une architecture non adaptée ;
- le manque de formation mais aussi de reconnaissance du personnel et des usagers…

Reconnaître la personne derrière l'usager

Deux dimensions concourent au respect de l'intimité. D'une part, il s'agit de protéger la personne d'une intrusion dans son espace privé : sa chambre, son corps, son histoire… D'autre part, il s'agit de reconnaître ce qui fait son intimité, son identité. Il n'est pas plus violent d'entrer sans prévenir dans une chambre que, après avoir frappé, réaliser le ménage ou un soin de façon mécanique, sans tenir compte de la présence de la personne, si ce n'est de son corps.

La violence s'inscrit dans la réduction de la personne à son handicap, à sa maladie (par exemple, un professionnel qui, au lieu d'utiliser le nom de la personne accueillie, utiliserait l'expression « le côlon de la chambre 37 »). Toute tentative de généralisation peut aussi être une atteinte à l'intimité. Il en va ainsi de l'inscription dans des activités collectives pour lesquelles la personne n'a pas son mot à dire. Les phénomènes de comparaison avec les autres ou de projection sont aussi pernicieux. Ainsi, le questionnement suivant des professionnels dans une maison de retraite concernant un résident : « Si c'était votre père ou votre mère, seriez-vous d'accord ? » ou bien « Si c'était vous ? », s'avère intéressant dans la mesure où il facilite une relation humaine, mais est tout aussi risqué car il fige les représentations et interdit toute curiosité ou ouverture à la singularité de la personne. Et avec quelle légitimité ou simplement quelle expérience vécue, pourrions-nous comparer le comportement sexuel d'un résident avec ceux de nos parents (que nous ne connaissons pas, non sans raison !) ?

Extrait de la recommandation de bonnes pratiques de l'ANESM : « Qualité de vie en EHPAD (volet 2) », septembre 2011

Reconnaître la vie affective et intime des résidents

Les besoins d'affection et d'amour font partie des besoins fondamentaux de tout individu.

Les besoins sexuels ne disparaissent pas au fil des ans : ils diminuent, en intensité ou en fréquence, mais peuvent s'exprimer à tout âge… même très avancé. D'après certaines études menées aux États-Unis, 8 % des résidents en maison de retraite ou autres établissements d'accueil seraient sexuellement actifs.

Néanmoins, le tabou qui entoure la sexualité des personnes très âgées laisse les professionnels désemparés lorsqu'ils sont confrontés à de telles situations, parfois sources de conflits avec les proches. La réflexion autour des questions relatives à la vie affective et sexuelle des résidents s'appuie nécessairement sur une réflexion éthique collective.

Enjeux

Les résidents peuvent continuer à avoir une intimité avec leurs proches (famille et amis) dans leur espace privatif.

Les résidents peuvent nouer de nouvelles relations d'amitié et d'amour et les vivre en toute intimité.

Recommandations

Permettre l'accès de l'établissement aux familles et proches, y compris le soir ou la nuit lorsque celui-ci est sécurisé, et mettre à disposition des résidents les moyens favorisant le lien à distance.

Prévoir dans le logement la possibilité d'accueillir des proches. Comme, par exemple :

- systématiquement deux sièges à disposition ;
- des chaises supplémentaires facilement disponibles à proximité ;
- la possibilité de consommation : réfrigérateur, « tisanerie » proche, etc. ;
- prendre en compte la vie de couple en offrant la possibilité d'un lit à deux places ;

→

→
- réfléchir collectivement aux situations posant des problèmes éthiques et, si possible, au sein de l'instance éthique mise en place ;
- sensibiliser les familles et les professionnels à la question de la sexualité et des tabous qu'elle soulève (conférence, lecture conseillée, etc.) ;
- accompagner les familles lorsque le choix de leur parent d'avoir des relations intimes avec un(e) nouveau(elle) compagnon/compagne leur est difficile à admettre, sous réserve du consentement des personnes concernées.

Respecter le besoin d'espace privé

Adapter les locaux au besoin d'espaces privés

L'architecture de votre établissement et la façon dont sont gérés les espaces jouent un grand rôle dans le respect de l'intimité et la possibilité de nouer des relations affectives et sexuelles au sein de votre établissement.

Les espaces sont de mieux en mieux adaptés aux besoins des personnes (passage des fauteuils, besoins de déambulation, luminosité, repérage spatial...). La nécessité de surveillance des allées et venues, de la protection des personnes contre les chutes ou les malaises est toujours au cœur des projets architecturaux. Ce sont donc de grands espaces communs et ouverts qui structurent les établissements. Ces lieux n'offrent cependant pas de coins dans lesquels une quelconque intimité puisse s'exprimer. Les salles d'activités sont souvent fermées pour limiter les risques concernant le matériel et les personnes.

Seules les chambres permettent ce relatif répit. Encore faut-il qu'elles soient accessibles (des règlements de fonctionnement interdisent encore l'accès aux chambres dans la journée), que la personne puisse recevoir et que l'intimité y soit préservée.

Exemple

Les espaces extérieurs n'échappent pas à la règle comme ce grand centre hospitalier spécialisé pourvu d'un cimetière délimité par des ifs centenaires. Certains patients avaient l'habitude depuis des années de se réfugier dans ce havre de paix pour avoir des relations sexuelles. La décision administrative en réponse aux questions légitimes des soignants sur leurs responsabilités (risques évoqués de violences, d'absence de contraception...), mais aussi à des interpellations morales fut l'abattage des arbres. La vue est enfin dégagée, le contrôle des comportements est optimisé, mais l'intimité recule...

Les chambres collectives ont pour la plupart disparu des établissements au profit de chambres individuelles et parfois doubles. Au-delà des motifs économiques, leur existence se justifie par l'angoisse des personnes qui, pour certaines, ont toujours vécu dans des chambres collectives et ne supportent pas la solitude. Quoi qu'il en soit, des aménagements (paravents, distinction des espaces...) s'avèrent indispensables.

Des aménagements pour les couples peuvent être prévus dans les nouvelles constructions : chambres pour couples, chambres individuelles avec portes internes de communication, lits doubles...

Recommandation de bonnes pratiques ANESM « Concilier vie en collectivité et personnalisation de l'accueil et de l'accompagnement », novembre 2009

Entériner le caractère privatif de la chambre/logement

Il est recommandé de mettre en œuvre différentes dispositions qui entérinent le caractère privatif de la chambre/logement :

- les patronymes des personnes accueillies ou, selon les cas, un signe de reconnaissance (prénom, photo, pictogramme) sont apposés sur les portes des chambres/logements ; ➜

→

- la personne en possède la clef, sauf lorsque cette disposition est inadaptée à ses difficultés et limitations ou à son jeune âge ;
- les professionnels frappent avant d'entrer et s'identifient ; ils attendent d'y être invités pour entrer et/ou observent un délai d'attente ;
- cet espace n'est pas mis à la disposition d'autres personnes en l'absence de l'usager ;
- les professionnels ne pénètrent pas dans cet espace privatif en l'absence de l'usager, hors ce qui a été convenu préalablement avec lui ou son représentant légal (ménage ou dépose du linge propre, par exemple).

En dehors de situations de gravité ou d'urgence (interventions concernant la santé, fouille d'une chambre motivée juridiquement...), la plupart des intrusions dans l'espace privé de la personne doivent être annoncées ou susciter l'accord de la personne. Les habitudes de travail, l'appropriation par les personnels des espaces privés, la pression du travail, la non-reconnaissance des conséquences de ces comportements sont les explications principales du non-respect de l'intimité.

Le cas particulier de la masturbation dans les espaces publics

A contrario, les professionnels sont souvent confrontés à des personnes qui ne font pas la distinction entre espaces privés et publics. C'est le cas des comportements masturbatoires de personnes âgées ou handicapées dans les couloirs, par exemple. Ces situations sont d'ailleurs l'occasion d'engager une formation ou des débats en réunion dans le service.

Ces comportements dérangent les professionnels, mais encore plus les visiteurs... Son aspect inapproprié est double : un acte masturbatoire et un acte réalisé en public. En tant qu'acte masturbatoire, la masturbation peut entrer pour certains en conflit avec leur morale et leur religion. Mais, alors que cette pratique est généralisée en population ordinaire (90 % des hommes et 60 % des femmes y ont goûté)[3], ce comportement est choquant en soi pour certains de par la confrontation à l'expression d'une pulsion en public.

3. Nathalie Bajos et Michel Bozon (dir.), *Enquête sur la sexualité en France*, La Découverte, 2008.

Trois registres d'intervention et de questionnement sont à distinguer :

Évaluer l'acte masturbatoire en lui-même : est-ce que ce comportement est compulsif ? Permanent ? Aboutit-il à une éjaculation, un orgasme ? L'individu peut-il se blesser (stimulation trop intense, utilisation d'objets non adaptés ? absence de lubrification ? ...) ?

Plutôt que d'interdire ou de punir, parfois violemment, expliquer à la personne que la masturbation est un geste naturel et sain. Indiquer les lieux et les temps appropriés (la chambre, la salle de bains...). Mettre en place une réelle éducation sexuelle et enseigner les gestes adaptés pour une autostimulation aboutissant au plaisir. Le choix des modalités et des professionnels devra faire l'objet d'une décision de service : réponses immédiates/différées ; réponses individuelles/collectives ; professionnels de soin/psychologues, médecins ou prestataires ; utilisation d'outils adaptés (vidéos pédagogiques, guidance...).

Enfin, un appui auprès des professionnels : réflexion sur leurs propres représentations, analyses de leurs pratiques en réponse à ses comportements, définition de consensus en équipe...

Adapter le règlement de fonctionnement

Il n'existe pas de réponse identique pour respecter l'intimité des personnes. Un ajustement personnalisé est nécessaire. L'existence de règles explicites au travers d'un règlement de fonctionnement ne s'y oppose pas. Au contraire, c'est l'occasion de définir des principes collectifs s'imposant à tous et d'ouvrir des zones de négociation individuelles.

Le décret relatif au règlement de fonctionnement stipule dans son article 5 : « Le règlement de fonctionnement précise l'organisation et l'affectation à usage collectif ou privé des locaux et bâtiments ainsi que les conditions générales de leur accès et de leur utilisation. »

Règlement de fonctionnement : espaces privés, quelques questions à se poser

Les résidents peuvent-ils disposer de la clef de leur chambre ? Ont-ils la possibilité de s'enfermer « à clef » dans leur chambre ? →

→
Peuvent-ils recevoir un autre résident dans leur chambre ? Peuvent-ils recevoir une personne externe à l'établissement ?

Faut-il prévoir un écriteau pour signifier que l'accès à la chambre n'est pas souhaité ?

Dans quels cas les professionnels peuvent-ils accéder à une chambre en l'absence ou sans l'accord de la personne (risque vital, suspicion de vol, de détention d'armes ou de produits prohibés...) ?

Comment sont sensibilisés tous les professionnels (y compris les membres des services généraux, services administratifs, prestataires...) ?

Comment sont sensibilisés les tiers (familles, visiteurs, bénévoles...) ?

Des résidents peuvent-ils vivre ensemble dans une chambre ?

Respecter l'intimité lors des pratiques de soin

Une personne[4] a comptabilisé qu'en 26 ans de vie à domicile, pas moins de 350 auxiliaires de vie s'étaient occupés de lui. Comment, dans ces conditions, la personne peut-elle conserver un rapport identitaire entre son corps et son esprit avec un corps objectivé, manipulé au quotidien ?

Toute la qualité du soin dans l'institution médico-sociale passe par des savoir-faire, mais aussi par une attention à l'autre. Le respect de la pudeur en constitue le premier réflexe : frapper à la porte, attendre la réponse, solliciter l'accord de la personne pour la présence d'un tiers (étudiant), masquer la nudité, protéger la personne du regard des autres (fermer les portes des salles de bains...).

L'intimité n'est pas seulement celle du corps ; l'intimité ne doit pas seulement être respectée comme la pudeur, mais aussi reconnue en tant que telle. Des touchers indélicats, mécaniques, répétitifs sont autant d'agressions qui fractionnent le rapport à soi de la personne

4. Yves Lacroix, *Presque debout*, Desclée de Brouwer, 1998, cité dans *Handicaps et sexualité : le livre blanc*, sous la direction de Marcel Nuss, Dunod, 2008, p. 186.

et en conséquence le rapport à sa sensualité, son désir, son plaisir… C'est donc accepter pour le soignant qu'il subsiste une part de mystère dans le corps soigné. C'est certainement ce qui demande le plus de travail : comment peut-on, au travers d'actes techniques, maintenir ou développer une action en conscience ?

Exemple

La survenue d'une érection lors de la toilette peut confronter le soignant à la limite du soin et du désir. Les aides-soignantes expriment toutes sortes d'attitudes dans ces situations : la fuite, l'évitement, la banalisation, la dramatisation. Certains protocoles stipulent l'arrêt pur et simple du soin en cas d'érection, d'autres préconisent le gant d'eau froide (voire l'éther) associé à une attitude glaciale mais aussi faire comme si de rien n'était… C'est dire si les attitudes sont parfois caricaturales et malsaines tant pour le résident (transmission d'un sentiment de honte) que pour le soignant. Exprimer la gêne éprouvée, rechercher des attitudes appropriées, connaître tout simplement les mécanismes de l'érection sont autant de réponses nécessaires pour reconsidérer ces pratiques quotidiennes.

Les réponses sont à rechercher dans l'accueil des stagiaires et des nouveaux salariés (tutorat), la formation continue, les dispositifs d'analyse de pratique, la mise en place de commissions éthiques dans lesquelles les soignants abordent très précisément ces situations quotidiennes en partageant des regards différents et la recherche de positionnements les plus adaptés.

Faire preuve de discrétion dans la communication professionnelle

Si on peut comprendre l'importance et la nécessité du partage d'informations en équipe pour soutenir la qualité de l'accompagnement, il vous faut cependant définir une limite protégeant l'intimité des personnes. Que penser en effet des situations suivantes :

Un résident exprime auprès d'un éducateur son souhait de pouvoir visionner un film pornographique. Cette demande est relayée immédiatement auprès de l'ensemble de l'équipe dans une réunion institutionnelle...

L'histoire du viol d'une résidente figure en première page de son dossier qui est consulté par tous les professionnels et stagiaires de l'institution...

Dans une maison de retraite, un pensionnaire exprime l'affection et l'attirance physique qu'il éprouve envers une autre résidente auprès d'une aide-soignante. Ces éléments sont consignés dans le cahier de liaison et seront abordés par la direction avec ses enfants...

Vous jouez alors un rôle important pour rappeler les règles de déontologie, de secret, de discrétion professionnelle et le sens du partage des informations. Ces glissements dans la diffusion des informations sont alors l'occasion de redéfinir ce qui est pertinent dans les outils de liaison, voire de redéfinir le sens et la portée des projets personnalisés, quand l'intrusion dans la vie privée vient en conflit avec la mission même de l'établissement.

Extrait de la recommandation de bonnes pratiques ANESM « Qualité de vie en MAS-FAM (volet 2) » décembre 2013

La sexualité et la vie affective relèvent de la sphère privée de la personne. Les professionnels sont donc particulièrement vigilants à échanger seulement les informations utiles et nécessaires à l'accompagnement. Ils informent la personne et s'assurent de son consentement lorsque des informations relatives à sa vie affective et sexuelle sont partagées entre professionnels.
Ils associent les proches/représentants légaux sur ce point seulement si la personne le souhaite.

Intégrez les violences sexuelles dans les plans de prévention de la maltraitance

Longtemps passées sous silence, les agressions sexuelles envers les personnes vulnérables sont aujourd'hui reconnues comme nécessitant une vigilance accrue.
Soutenu par les politiques nationales de prévention de la maltraitance et de promotion de la bientraitance, un ensemble de dispositifs alliant prévention, repérage et contrôle est mis en place autant par les administrations que par les établissements selon des obligations qui s'imposent à eux.

Une vulnérabilité accrue des usagers aux risques d'agressions sexuelles

La promotion de la vie affective et sexuelle des personnes accompagnées ne doit pas faire oublier pour autant leur vulnérabilité. On peut noter en particulier les violences sexuelles en institution… et d'une façon générale la prévalence des agressions sexuelles envers les personnes handicapées accompagnées ou non en institution.

Les violences sexuelles auprès des personnes handicapées ont été longtemps passées sous silence. Et pourtant les études montrent une prévalence très forte des agressions sexuelles envers cette population vulnérable. Et ceci, quels que soient le handicap et le sexe.

Les violences sexuelles peuvent prendre des formes très différentes : agressions physiques, violences verbales, attouchements, voyeurisme, exhibitionnisme… Les acteurs de ces violences sont tout autant les résidents entre eux, les professionnels, que l'environnement familial ou social.

La circulaire DGAS[5] du 15 octobre 2008 relative au renforcement des missions d'inspection et de contrôle au titre de la lutte contre la maltraitance des personnes âgées et des personnes handicapées fait état de 33 % de maltraitances sexuelles parmi l'ensemble des maltraitances en établissements et services.

Quelques chiffres

Les résultats d'une récente étude américaine[6] nous apprennent que les hommes handicapés sont quatre fois plus susceptibles d'être agressés sexuellement que les hommes valides (13,9 % des hommes handicapés ont déclaré la violence sexuelle pendant leur vie, comparativement à 3,7 % des hommes non handicapés). La proportion est de 26,6 % pour les femmes handicapées contre 12,4 % pour les femmes valides.

Cette étude met en évidence que les victimes sont prioritairement abusées par des soignants et des proches.

D'autres études, et en particulier celle de l'OMS[7], concluent à un risque quatre fois plus élevé pour les enfants handicapés physiques de subir une agression sexuelle. Les enfants atteints d'un handicap résultant d'une maladie mentale ou de déficiences intellectuelles, quant à eux, ont un risque cinq fois plus élevé.

Les principaux facteurs de vulnérabilité des usagers aux agressions sexuelles sont les suivants :

• manque d'information : les personnes prises en charge ont une méconnaissance de la sphère sexuelle (comportements sexuels appropriés...) ;

• suggestibilité, faible estime de soi, problématiques de la conscience du corps... ;

---

5. Circulaire DGAS/2A n° 2008-316 du 15 octobre 2008.

6. *American Journal of Preventive Medicine*, étude du Pr Monique Mitra de l'université du Massachusetts à Boston, 10 octobre 2011. Étude établie sur la base d'un questionnaire adressé à 22 000 personnes.

7. Étude publiée dans la revue *The Lancet* en juillet 2012.

• intimité : du fait de leur accueil en structures collectives, les personnes vivent dans des situations où de nombreuses intrusions dans leur intimité existent. Elles ont plus de difficultés à repérer le franchissement des limites et repèrent plus difficilement ce qui est de l'ordre d'une violence sexuelle (attouchements, par exemple). Elles n'ont pas les moyens de discriminer ce qui est autorisé ou interdit ;
• difficulté à signaler les événements de par un handicap (difficultés de communication) ou de par leur statut (soumission à un statut d'usager, difficulté à être pris au sérieux…).

Permettre aux personnes de se prémunir contre les agressions

Développer la capacité des usagers à dire non

Apprendre aux personnes à savoir dire non, à développer leur estime de soi, est pour vous un axe important de prévention. Les personnes accompagnées sont souvent, du fait de leur situation, mais aussi des logiques institutionnelles, en situation de soumission à l'autorité. Celle-ci est d'ordinaire bienveillante : parents, professionnels, tuteurs… Les décisions sont quand même prises à leur place et la participation à leurs projets est faible. Beaucoup de violences (notamment entre résidents) proviennent de cette difficulté à affirmer un choix.

Accéder à la capacité de consentement, d'autodétermination, d'affirmation de soi est ainsi un processus doublement difficile à parcourir. Il demande un environnement le favorisant et des capacités émotionnelles et intellectuelles suffisamment éveillées de la part des personnes prises en charge.

De nombreuses activités d'accompagnement individuel et collectif vont dans ce sens : groupes de parole, jeux de rôles, mises en situation, instances participatives. C'est aussi le quotidien de la régulation éducative dans les groupes de vie. Les éducateurs médiatisent les relations en vérifiant si les personnes donnent bien leur accord au regard d'une demande.

Apprendre à se respecter et respecter l'autre

Se respecter, respecter son corps et celui de l'autre sont aussi des apprentissages indispensables.

À noter

De nombreux exemples relatés en établissements témoignent de cette difficulté : acceptation d'échanges sexuels avec des amis de son copain pour maintenir la relation nouée, actes sexuels en échange de cigarettes ou autres cadeaux...

L'apprentissage du respect de soi demande la prise de conscience de ses limites et de l'intégrité de son corps. Il s'agit aussi d'intégrer les règles de vie collective. Les professionnels en sont les enseignants et les garants dans la vie quotidienne : ne pas laisser passer un geste déplacé, vérifier que la personne se respecte dans une activité ou une relation, être attentif au langage tenu, aux marques d'irrespect, voire de familiarité par les professionnels eux-mêmes...

Le travail sur les règles de vie au travers du règlement de fonctionnement est un levier intéressant pour en faciliter l'appropriation. Les dispositions relatives au respect mutuel entre les sexes sont en particulier utiles à préciser.

Sensibiliser les personnes aux risques de violences sexuelles

Votre établissement doit permettre aux personnes de reconnaître leurs droits et situer leurs limites concernant l'expression de l'affectivité, le rapport à leur corps, les relations sexuelles...

Le travail sur l'ensemble des droits des usagers (charte des droits et libertés, règlement de fonctionnement) facilite ce processus en complément des actions d'éducation sexuelle qui mettent l'accent sur les risques spécifiques.

Repérer les signes de violence sexuelle

Malgré tout l'effort porté sur la prévention, vos professionnels doivent pouvoir être en mesure de détecter des signes d'une éventuelle violence sexuelle.

Les signes de violences sexuelles sont complexes à repérer et sont en étroite interaction avec les pathologies. Il ne s'agit donc pas d'associer directement un signe à une situation de violence subie. Attention, les indicateurs présentés comme exemple ne peuvent pas se substituer à une délimitation plus précise des signes en fonction du profil des personnes. Un diagnostic médical doit être requis pour certains symptômes en écartant une cause médicale.

Notons par exemple :

- des symptômes physiques (douleurs au bas-ventre, douleurs abdominales, vomissements, diarrhées, infection des parties génitales (écoulement, blessures, saignements, sous-vêtements tâchés) ;
- des fonctionnements ou événements inhabituels : fugues nocturnes, disparition de vêtements, accumulation inexpliquée d'argent ;
- des comportements changeants, des manifestations émotionnelles : attitude et langage sexualisés, des comportements régressifs (énurésie, troubles alimentaires, tendance à « jouer la comédie »), hyperactivité, automutilation, dépression, pensées suicidaires et tentatives de suicide.

Mettre en place des protocoles de signalement

L'observation ou la révélation de faits ou de situations de maltraitance obligent toute personne qui est témoin ou destinataire des informations à les prendre en compte et à les signaler aux autorités administratives et judiciaires (procureur de la République).

Ces mesures doivent être réalisées dans des délais relativement courts et avec un maximum de fiabilité dans un contexte souvent chargé émotionnellement.

C'est ainsi que vous devez vous doter de procédures et d'outils facilitant le recueil des faits, ainsi que leur transmission. Les services déconcentrés de l'État (DDCS et ARS) diffusent des protocoles précisant la nature des informations à transmettre, le circuit du signalement (délais et coordonnées des interlocuteurs), ainsi que des indications ou de véritables modèles de documents-supports.

Vous êtes invités, comme tout établissement, à intégrer ces protocoles dans vos propres procédures internes.

Les éléments constitutifs du protocole interne

Le protocole interne, sous votre responsabilité en tant que directeur, détaille les différentes démarches à prendre en compte dans le cadre d'une situation de maltraitance institutionnelle. Afin d'en faciliter l'appropriation, les professionnels peuvent être associés à l'élaboration de ce document. Une large diffusion de ce support est recommandée, ainsi qu'un complément d'information lors de réunions.

Certains éléments sont à prendre en compte dans la formalisation de la procédure interne :

1. le sens et les enjeux de cette procédure ;
2. la définition de la notion de maltraitance ;
3. le rappel des responsabilités professionnelles ;
4. le circuit du signalement ;
5. la rédaction des fiches-incidents ;
6. le circuit d'alerte des membres de la direction ;
7. l'information des autorités administratives et judiciaires, de la famille et/ou des responsables légaux ;
8. l'écoute et la prise en charge des victimes ;
9. les dispositions à prendre à l'égard du ou des auteurs présumés ;
10. l'information et l'accompagnement des autres personnes accueillies ;
11. les démarches en direction du personnel.

Quel est le circuit à suivre ?

Dès lors qu'une information est portée à votre connaissance, et indépendamment des premières mesures de protection, un recueil des faits précis doit être entrepris. Les personnes témoins de l'événement seront entendues par vous ou par une commission prévue dans le cadre de la procédure interne.

Selon les cas, et uniquement en dehors de tous faits de maltraitance avérés, vous pouvez engager un recueil d'éléments d'informations complémentaires pour approfondir la connaissance de la situation. Il ne s'agit pas de conduire une véritable enquête interne et de rechercher les responsabilités (ce qui relève du rôle de la justice), mais de compléter la connaissance de la situation à partir de faits tangibles et précis.

Le signalement doit être transmis au procureur de la République du tribunal de grande instance du lieu où se trouve votre structure. En outre, cette information doit être transmise aux services déconcentrés de l'État immédiatement pour les situations les plus graves et sous 48 heures pour les autres. Un agent de permanence peut être saisi à tout moment par téléphone (les coordonnées sont précisées dans les protocoles départementaux, voir la circulaire ministérielle DGAS/2A/2007/112 du 22 mars 2007, BO Santé-Protection sociale-Solidarités n° 2007-4).

Enfin, rappelons que, quelle que soit la qualité du dispositif institutionnel, tout individu, en tant que citoyen, peut faire un signalement.

La circulaire DGCS/SD2A/2014/58 du 20 février 2014 « relative au renforcement de la lutte contre la maltraitance et au développement de la bientraitance des personnes âgées et des personnes handicapées dans les établissements et services médico-sociaux relevant de la compétence des ARS » rappelle les obligations en la matière :

• informer les autorités administratives ou judiciaires pour quiconque « ayant eu connaissance de privations, de mauvais traitements ou

Conduite à tenir au moment du recueil de l'information

■ Écouter et prendre au sérieux les déclarations ou les symptômes de la victime. Lui redonner éventuellement confiance.

■ Ne pas agir précipitamment ni réagir trop violemment.

■ Éloigner la victime de l'agresseur potentiel.

■ Recueillir et formaliser tous les faits constatés.

À noter

Pour aller plus loin, consultez l'ouvrage des mêmes auteurs, *Engager une politique de bientraitance*, collection Les guides Direction(s), ESF éditeur, 2010.

d'atteintes sexuelles infligés à un mineur de quinze ans ou à une personne qui n'est pas en mesure de se protéger en raison de son âge, d'une maladie, d'une infirmité, d'une déficience physique ou psychique ou d'un état de grossesse » (article 434-3 du Code pénal) ;

• signaler aux autorités compétentes de privations ou de sévices infligés à un mineur ou à une personne qui n'est pas en mesure de se protéger en raison de son âge ou de son incapacité physique ou psychique ne peut faire l'objet d'aucune sanction disciplinaire (article 226-14 du Code pénal).

Deux services téléphoniques spécialisés offrent une écoute téléphonique adaptée aux victimes et aux témoins de faits de maltraitance ou de risque de maltraitance :

• Numéro national : 119 pour les situations concernant les mineurs ;

• Numéro national : 3977 pour les personnes âgées et les personnes adultes handicapées.

Ces services doivent être connus des professionnels et portés à la connaissance de toutes les personnes accompagnées et de leur environnement (affichage, livrets d'accueil...).

Mettez en place des plans de prévention des IST

L'évolution et la promotion de l'accomplissement d'une vie affective et sexuelle des personnes accueillies se heurtent à la problématique plus générale de l'essor des IST (infections sexuellement transmissibles). La prise en compte de ces questions par notre société qui a longtemps considéré que la personne âgée ou handicapée n'avait pas de sexualité est relativement récente. Dans ce contexte, les plans de prévention des infections sexuellement transmissibles dans les établissements médico-sociaux sont encore balbutiants et doivent concilier protection et droit des personnes.

Une prise en compte récente par les pouvoirs publics

Les politiques de prévention des IST ont eu et ont toujours des difficultés à se mettre en place dans les institutions. On peut expliquer cette inertie par le fait que la sexualité des personnes handicapées a été longtemps occultée, mais aussi interdite dans les règlements de fonctionnement des établissements.

Il faudra attendre une circulaire du 10 décembre 1996[8] relative à la prévention de l'infection à VIH dans les établissements et services accueillant des personnes handicapées mentales, toujours de référence, pour définir l'organisation de la prévention des IST dans les structures d'accueil.

8. Circulaire DAS/TS1 n° 96-743 du 10 décembre 1996 relative à la prévention de l'infection à VIH dans les établissements et services accueillant des personnes handicapées mentales.

Un rapport très sombre du Conseil national du Sida publié en 1997 (« Les oubliés de la prévention ») dénonce la confiscation de la sexualité dans des « institutions totales » (au sens d'Erving Goffman : lieux de résidence comme les prisons, hospices, couvents où les individus sont coupés du monde extérieur et font l'objet de surveillance et de contrôle, détruisant partiellement leur identité, mais créant aussi des espaces clandestins de résistance).

Il explique les raisons de l'absence de prévention du VIH en milieu spécialisé par des blocages de nature historique, symbolique et pratique et cite, notamment :

- l'absence ou trop récente problématisation de la sexualité en milieu spécialisé qui n'a pas permis une mobilisation suffisante des acteurs et des pouvoirs publics ;
- les enjeux symboliques qui se nouent autour de la question de la sexualité ;
- l'organisation de la prise en charge ne respectant pas l'intimité.

Extrait du rapport du Conseil national du Sida : « Un espace de prévention restreint »

« Étant donné le fonctionnement actuel de la majorité des institutions spécialisées, l'espace disponible pour mettre en place une prévention est extrêmement restreint. On peut se demander en effet quel sens aurait une prévention du VIH adressée à des individus qui sont censés ne pas avoir de sexualité, qui ne disposent pas d'un droit d'intimité et dont la vie quotidienne est à ce point organisée.

Comment en effet recommander une sensibilisation au problème du sida dans les foyers d'hébergement, alors que l'on ne reconnaît en définitive pas de corps au résident si ce n'est son corps handicapé. Tout se passe en effet comme si le handicap conduisait à effacer, voire à nier les autres aspects du corps, et principalement le corps désirant et le corps comme objet de désir. Faire en sorte que le handicapé mental puisse entretenir avec son corps un rapport intime, en lui offrant par exemple un droit à la pudeur, en le sensibilisant à sa santé, pourrait constituer un premier objectif. →

→

Pour qu'un travail de prévention puisse être mené, il convient au préalable que les sujets auxquels on s'adresse disposent aussi d'un espace de réception suffisant. C'est-à-dire qu'on leur reconnaisse au sein de chaque établissement un espace privé dans lequel ils puissent se constituer des secrets et tenter de se construire une identité.

Cet espace constitué, on pourrait imaginer des actions de prévention qui ne reposeraient plus exclusivement sur des professionnels, mais sur les handicapés mentaux eux-mêmes, comme c'est le cas dans d'autres situations. Il n'est en effet pas inconcevable qu'en compagnie d'un intervenant extérieur, un groupe de résidents prenne en charge la prévention. Des groupes d'autosupport pourraient ainsi se développer. »

Le plan national de lutte contre le VIH/Sida 2010-2014 accorde une place importante à la population des personnes handicapées dans ses objectifs stratégiques (voir aussi Annexe 2, page 122 : « Fiche action T6 du plan national de lutte contre le VIH/Sida et les IST 2010-2014 : développer des outils et créer des lieux d'expression pour les personnes en situation de handicap (PSH) abordant les enjeux liés à la sexualité et à la prévention du VIH/Sida et des IST »).

La question des personnes handicapées dans le plan national de lutte contre le VIH/Sida et les IST 2010-2014

« Si les personnes handicapées (PH) sont nombreuses (près de 4 millions), peu ou pas d'actions de prévention sur le VIH/Sida et les IST et d'enquêtes sur leur situation vis-à-vis de la sexualité ont jusqu'à présent concerné ce public, dont le handicap est lié à un autre problème de santé que ceux résultant d'une infection à VIH. Il apparaît que les différents types de déficience (motrices, sensorielles, mentales) constituent des facteurs de vulnérabilité spécifiques et n'appellent pas les mêmes types de réponses sociales et éducatives.

→

→
La circulaire de 1996 sur la prévention du VIH/Sida dans les établissements et services accueillant ces personnes handicapées mentales a constitué un premier pas dans l'intégration de la problématique de la prévention du VIH/Sida dans les établissements médico-sociaux. Elle nécessite toutefois d'être mise à jour, pour mieux traiter de l'accès aux dépistages, aux vaccinations, au suivi gynécologique et aux soins des adolescents et adultes quelle que soit la nature du handicap et de la problématique des relations sociosexuelles (vie de couple dans le contexte des établissements ou logements sociaux).

Plus largement, la publication d'une circulaire portant sur l'éducation à la vie affective et sexuelle des personnes handicapées accueillies en établissements et services médico-sociaux paraît nécessaire, afin de définir les modalités de mise en œuvre de cette éducation dans le projet individualisé d'accompagnement des personnes accueillies. »

Mettre en place un plan de prévention dans votre établissement

Un certain nombre d'obligations pour votre établissement découlent de la circulaire du 10 décembre 1996.

Ces actions doivent tout d'abord s'inscrire dans une reconnaissance du droit des personnes (reconnaître le droit à la sexualité pour la personne handicapée mentale ainsi que l'affirmation de son droit à l'éducation sexuelle ; préserver l'intégrité de la personne et de la citoyenneté ; concourir à l'affirmation et à la consolidation de l'autonomie de la personne).

Le plan de prévention devra être formalisé et définir un cadre cohérent d'action. Il est intégré dans le projet d'établissement.

MST ou IST ? L'étendue des infections

Employer le terme « MST », c'est induire la présence de symptômes pour recourir au dépistage. Utiliser le sigle « IST », c'est inciter au dépistage en l'absence de symptôme.

Les IST, infections sexuellement transmissibles, sont des infections transmises lors des relations sexuelles. Il en existe plus d'une trentaine. Provoquées par des agents infectieux, il peut s'agir de virus, de bactéries ou de parasites. Dans les pays développés, les IST et leurs complications font partie des 5 motifs de consultation les plus fréquents chez les adultes. En France, les IST sont en augmentation depuis les années 1990, sans que les chiffres exacts soient toujours connus.

Les IST les plus fréquentes sont les suivantes :

- Les gonococcies. La blennorragie gonococcique, communément appelée la « chaude-pisse », est causée par une bactérie. Ces IST ont augmenté d'environ 50 % entre 2008 et 2009.
- Les chlamydioses. Elles sont dues à une bactérie, susceptible de provoquer une inflammation chronique de l'appareil génital. Ce sont les infections les plus fréquentes entre 15 et 25 ans chez les femmes, et entre 15 et 34 ans chez les hommes.
- L'hépatite B. Provoquée par un virus très contagieux, l'hépatite B atteint essentiellement le foie. Les données de 2007 estiment à environ 2 500 le nombre d'infections par an, soit environ 4 nouveaux cas pour 100 000 habitants.
- L'herpès génital. Il est causé par un virus appelé herpès virus : HV. Il existe deux types de virus HV : le virus HV1 est responsable de différentes formes d'infections herpétiques, de la partie supérieure du corps (exemple : herpès labial (bouton de fièvre), herpès nasal) ; le virus HV2 est à l'origine des infections de la partie basse du corps (herpès génital). On estime que le virus HV2 est présent chez 18 % des femmes et 14 % des hommes.
- Les condylomes génitaux. Il s'agit de verrues génitales causées par les papillomavirus. Ces derniers sont des virus très répandus ; ils peuvent provoquer des cancers du col de l'utérus.

→

→

- La syphilis. Une bactérie en est à l'origine. Cette maladie, rarissime en France avant les années 1990, est en augmentation depuis les années 2000.
- Les infections par des mycoplasmes et la trichomonase. Les mycoplasmoses sont dues à une bactérie. La trichomonase est due à un parasite. Elles peuvent passer inaperçues et menacent la fertilité si elles ne sont pas traitées.
- Le VIH/Sida. Le virus de l'immunodéficience humaine s'attaque aux cellules du système immunitaire, principalement à certains globules blancs (lymphocytes T4). Les défenses immunitaires sont donc affaiblies. Les données de 2008 estiment à environ 6 900 le nombre de nouvelles infections du VIH en France. Depuis 2003, le chiffre est globalement en constante diminution.

La démarche de prévention doit être adaptée au type de handicap et s'inscrire dans la durée. L'information dispensée, adaptée au type de handicap et aux conditions de vie des personnes, doit faire l'objet d'une démarche d'accompagnement spécifique pour être accessible et profitable à la personne handicapée.

Le plan de prévention doit intégrer les pratiques d'intervention éducative en développant la dimension d'accompagnement dans les projets individualisés de prise en charge. Les personnels et les partenaires doivent bénéficier d'action de sensibilisation et de formation. De même, la famille et les proches doivent être associés aux actions de formation et de prévention afin de garantir la cohérence et la continuité de l'action.

La mise en œuvre du plan de prévention est l'affaire de l'ensemble des personnels (dont le personnel médical et paramédical), mais aussi un accompagnement éducatif et social par des personnes compétentes et formées, en particulier les éducateurs spécialisés. Une personne ressource doit être nommée pour faire vivre les plans d'action ; sensibiliser, faciliter l'expression, apporter les conseils souhaitables, prendre en compte les demandes de formation, prendre en charge l'animation de réunion.

Le plan de prévention peut également définir les moyens de mise à disposition de préservatifs dans les lieux qui paraîtront les plus adéquats.

Ces actions s'inscrivent dans la durée et en cohérence avec le projet d'établissement. L'ensemble des parties prenantes : personnes accompagnées, professionnels, familles, partenaires sont impliquées dans sa mise en œuvre.

À retenir

Le plan de prévention des IST doit se situer dans une perspective plus large de reconnaissance, d'information et d'éducation à la sexualité.

Chapitre 3

Soutenir l'expression de la vie sexuelle

Les points clés du chapitre

1. Soutenir les possibilités de rencontre et de développement de liens : Pour de nombreuses raisons propres à l'individu et à son accueil en institution, des limitations à la création et au maintien de relations existent. Il est donc important dans un premier temps de repérer et d'agir sur les obstacles à la création de liens avant de proposer l'ouverture à des réseaux relationnels.

2. Accompagner l'accès à la sexualité : L'acte sexuel, seul ou partagé, n'est ni la seule, ni la première des questions à traiter en matière de sexualité ; il ne s'agit pas de l'occulter pour autant ! De multiples formes de soutien sont possibles dès lors que les équipes sont suffisamment matures pour aborder la question avec simplicité et pragmatisme.

3. Anticiper le désir d'enfant : La stérilisation ou la contraception systématique ne sont plus des fatalités et l'accès à la parentalité pour des personnes accueillies est une réalité à laquelle de plus en plus d'équipes se confrontent. Cette problématique naissante porte néanmoins de nombreuses questions tant sur le plan éthique que pratique.

Soutenez les possibilités de rencontres et de développement de liens affectifs

La nécessité de soutenir les possibilités de rencontre et de développement de liens affectifs repose sur 2 hypothèses :
– les personnes ont besoin de développer des relations affectives, amicales ou amoureuses ;
– elles ont des difficultés à accéder ou à se construire un réseau social, du fait de leur situation ou du contexte d'accompagnement.
Si l'expérience montre que cela se vérifie dans un certain nombre de cas, et si des obstacles existent bel et bien, il s'agit néanmoins de partir du présupposé qu'elles ne sont pas nécessairement privées de liens affectifs. Il importe ainsi de ne pas faire l'économie sur la vérification de ce besoin, de son expression, de sa nature, au risque de plaquer des réponses a priori.

S'interroger sur les besoins de la personne en matière de relations affectives

Compte tenu de la composante éminemment sociale de tout être humain, il paraît évident qu'avoir des relations amicales ou amoureuses participe d'un équilibre et d'un bien-être. La nature de ce besoin est cependant différente d'une personne à l'autre.

En l'absence de demande ou de discours explicite en la matière, il est complexe de déterminer si la situation affective dans laquelle se trouve la personne est satisfaisante pour elle, suffisante, ou si elle nécessite d'être accompagnée et soutenue.

En effet, une vie affective peut être jugée comme pauvre en référence à certaines normes, alors que la personne en est pleinement satisfaite (le contraire étant également possible). À l'inverse, nous savons également que le refus de développer des relations sociales, d'engager des affects peut correspondre à une mise en retraite subie de toute vie affective. Dans ce cas, le sentiment de frustration et d'insatisfaction peut être exacerbé et s'exprimer par des attitudes, des comportements rendant d'autant plus problématique la possibilité de développer de tels liens.

Exemple

Conditions d'orientation en EHPAD et comportements relationnels

Une personne se sent contrainte d'aller en établissement du fait d'un accident domestique révélant une situation de vulnérabilité importante. Elle sera probablement très sensible au délitement de certains liens affectifs avec ses proches, vécu comme une perte, générant de la frustration et un sentiment d'isolement. Ceci pourra en outre se traduire par un repli sur soi, un rejet, dénigrement des autres résidents, du personnel rendant l'établissement de nouvelles relations d'autant plus complexe.

Une autre personne décide de quitter son logement pour être accueillie en établissement afin d'anticiper des risques, pour rassurer son entourage et ne pas alourdir la vie de sa famille proche, déjà compliquée. Cette personne, du fait de sa capacité à décider, sera davantage en mesure d'accepter certaines conséquences probables de son hébergement (éloignement de proches, vie dans un collectif non choisi). Elle souffrira probablement moins de cette situation et n'exprimera pas forcément un besoin important en la matière. Paradoxalement, elle devrait être en mesure de tisser de nouveaux liens avec les résidents ou les autres personnes de manière plus aisée.

La question est ainsi de savoir dans quelle mesure la situation actuelle de la personne traduit un manque, une souffrance ou un besoin qui doit être accompagné, mais aussi, quel est le bénéfice supposé ou attendu d'un tel accompagnement. La réponse est d'autant plus complexe à donner qu'il est nécessaire d'intégrer des pressions sociales de différents acteurs : l'institution, les professionnels, les familles, la société... tous prompts à parler du besoin de la personne, en particulier lorsqu'elle n'est pas en mesure de l'exprimer clairement. Plusieurs de ces acteurs ont un avis certainement légitime du fait de leur expertise, de leur proximité ou de leur connaissance de la personne et de son histoire. Ils ne peuvent néanmoins éviter ni de se projeter sur le bien *a priori* pour la personne, ni d'y mêler plus ou moins consciemment leur propre intérêt.

L'importance des liens affectifs dans notre société

L'importance, la diversité, la fréquence des liens sociaux sont pointées comme des composantes importantes et fortement valorisées de l'intégration sociale. Elles témoigneraient en miroir de la qualité et de la valeur de la personne... (Notons toutefois qu'à l'heure des réseaux sociaux, de l'omniprésence du lien en temps réel, des « amis » plus nombreux dans un espace virtuel que dans le réel, surgit le questionnement sur la solitude, le délitement des liens sociaux). De même, dans les relations amoureuses et de couple, il est difficile de se détacher d'idéaux et de représentations (sur la nature d'un couple, ses relations, sa durée dans le temps...).

Autant de repères et de notions dont il convient de tenter de se détacher pour évaluer la situation de la personne... tout en sachant que celle-ci évolue dans le même environnement et est à même de subir cette même pression sociale.

Ces différents acteurs vont de plus avoir des points de vue différents sur la question et trouver de bonnes raisons justifiant leurs actions.

De bonnes raisons pour orienter ses actions...

Soutenir et favoriser le développement de liens affectifs	Limiter et être vigilant quant au développement de liens affectifs
Restaurer un équilibre psychoaffectif propice à l'épanouissement de la personne (aimer et être aimé comme composante essentielle de l'existence)	Risque de mettre en péril des équilibres psychoaffectifs déjà précaires
Permettre le développement de liens de solidarité et d'entraides mutuels	Risque d'abus de faiblesse, d'exploitation et de manipulation
Renforcement de l'autonomie de la personne par dilution de sa dépendance à de multiples personnes	Mise sous dépendance de tiers
(Pour l'établissement) apports de nouveaux leviers et ressources sur lesquels s'appuyer pour accompagner	(Pour l'établissement) apports de nouvelles contraintes à intégrer et à gérer dans l'accompagnement

Toutes ces raisons peuvent être justifiées. La question est de savoir si l'on dispose de réponses précises, de signes qui permettent de vérifier si un accompagnement en ce sens permet effectivement à la personne d'accéder à une amélioration de sa condition et que les risques en question peuvent être gérés.

Identifier les obstacles à l'accès ou à la construction de relations affectives

Indépendamment des souhaits et motivations de la personne, les possibilités de rencontre dépendent :

• des contraintes liées à sa situation : capacités de communication restreintes, difficultés à entrer en relation, troubles psychiques parasitant la construction de liens sociaux, faible autonomie nécessitant la présence d'un tiers... ;

• des possibilités qui s'offrent à elle malgré les contraintes précédentes : être accompagné, développer des compétences sociales, une image de soi plus positive permettant de faciliter l'engagement de relations sociales...

Des marges de progression, d'apprentissage, d'évolution, de compensation peuvent exister. Pour certaines situations, le périmètre du possible semble très restreint (polyhandicap, forme extrême d'autisme, personne atteinte de la maladie d'Alzheimer...). Tout le travail consiste à reconnaître l'existant (et le faire reconnaître à la personne et son entourage) et chercher à le maintenir.

Mais ne nous y trompons pas, tout ne dépend pas des capacités des personnes, encore faut-il que votre établissement dispose de moyens adaptés pour rendre possibles la création et le maintien de liens affectifs.

Fiche outil

Lutter contre les freins à l'existence de liens affectifs

Les freins les plus importants peuvent concerner :

L'isolement géographique : nombre d'établissements sont encore aujourd'hui implantés à l'extérieur des centres urbains, voire en pleine nature (établissements sans aucun voisinage). Ils correspondent le plus souvent à des choix d'implantation historiques ou des opportunités qui se sont présentées à un moment. Ceci a notamment pour conséquence que les personnes sont tributaires de l'établissement pour toutes sortes de sorties ou de rencontres extérieures (organisation des déplacements). Les rencontres fortuites quotidiennes avec des personnes extérieures sont rares, voire inexistantes.

Politique d'ouverture de l'établissement : indépendamment de son isolement géographique, la politique d'ouverture de l'établissement tient une place fondamentale. Elle concerne aussi bien l'ouverture de l'établissement vers l'extérieur qu'à l'extérieur. Des restrictions en matière d'allées et venues, pour des raisons de sécurité ou de moyens, peuvent fortement influer sur la politique d'ouverture menée.

Les modalités d'accompagnement : le besoin de surveillance constante liée aux états de santé, à des risques de mise en danger... peut aussi entraver les possibilités de rencontres. L'absence de service d'aide à domicile après une →

→ certaine heure peut, par exemple, limiter drastiquement l'émergence d'une vie sociale.

Enfin, la politique interne et les compétences professionnelles concernant les relations affectives et amoureuses des personnes accueillies jouent aussi un rôle : du choix des sorties à la façon dont elles sont accompagnées (les grands groupes, par exemple, ne favorisent pas les occasions de rencontres...).

Permettre un réseau relationnel affectif pour les personnes accueillies dans votre établissement

Il serait certainement préférable de ne pas avoir à se poser la question et l'on aimerait laisser faire les rencontres, cependant les établissements ont nécessairement une démarche active et influent sur les mises en relation possibles ou non, sur le type de personnes rencontrées et sur les circonstances des rencontres... Par ailleurs, et fort heureusement, une partie des personnes accueillies disposent déjà de leurs propres réseaux relationnels.

On peut imaginer dès lors qu'une dynamique d'intégration globale est engagée, que les occasions et les possibilités de rencontres offertes aux personnes ne manqueront pas. De même, et dans tous les cas, toute démarche d'ouverture ou de rencontre implique la mise en place d'une démarche participative forte avec un important pouvoir décisionnel confié aux personnes concernées.

Il n'est certainement pas souhaitable de donner une ligne de conduite précise (tant le cœur a ses raisons que...), mais il s'agit de se prémunir avant tout contre 3 principaux écueils :

- le fonctionnement en vase clos : ceci peut notamment arriver pour des établissements d'hébergement, relativement isolés ou avec une politique d'ouverture restreinte. Il apparaît naturel et normal que des liens affectifs se développent parmi les résidents d'une même structure, du fait de leur proximité. Dans le même esprit, se limiter à des rencontres interétablissements ou à la participation à des réseaux de rencontres entre pairs ;

Exemple

Dans un foyer de vie pour adultes handicapés, après un travail de long terme au sein de l'établissement, de nombreuses évolutions ont vu le jour : acceptation des liens et des manifestations affectives (interdites auparavant), possibilité d'être hébergé en couple... À tel point qu'aujourd'hui, l'ensemble des résidents est en couple. Les professionnels s'interrogent néanmoins : la majorité l'est au sein de l'établissement et la dernière arrivante s'est mise en couple un mois après son admission avec le seul homme célibataire.

- la négation de la situation, des états et des caractéristiques des personnes. Si, comme nous venons de l'indiquer, il convient de ne pas influer dans le sens de « l'appariement » entre personnes, il serait tout aussi problématique de faire abstraction des caractéristiques des personnes telles qu'elles peuvent également légitimement orienter des préférences dans le choix de leur réseau d'amis ou de partenaires ;
- l'absence d'espace de liberté et d'autonomie dans le choix et les possibilités de rencontre. Pour contrebalancer, il est nécessaire de vérifier que des possibilités de rencontres, de liens, de contacts existent pour toutes les personnes, indépendamment de ce qui peut être organisé, proposé à partir de votre établissement.

Accompagnez l'accès à la sexualité

L'accès à la sexualité en assumant sa féminité ou sa masculinité passe avant tout par l'appropriation de son corps pour les usagers : son image, sa sensualité... L'acquisition de connaissances, un travail sur l'estime de soi, sur ses émotions, sur son désir et celui de l'autre à travers des séances d'éducation sexuelle ou d'autres modalités sont souvent indispensables.
Enfin, l'aide directe ou indirecte pour la réalisation d'activités sexuelles doit être envisagée avec tout le respect nécessaire et en prenant en compte toutes les responsabilités.

Engager un travail pour que la personne accepte son corps

Accepter son corps tel qu'il est, et non pas tel qu'il pourrait être, devrait être, était ou sera une fois soigné, est une condition essentielle pour accéder à une sensualité ou sexualité épanouie.

Et pourtant, élevés dans une culture qui sépare la chair de l'esprit et condamne le corps, source d'instincts répréhensibles, nous sommes aussi soumis à une exigence hédoniste effrénée. À la recherche impossible de la perfection, la tentation est grande de finir par se méfier de ce corps, de ne plus lui faire confiance, ne plus l'aimer. La sanction est alors à la hauteur : perte de sensations, angoisses de performance, peur du lâcher-prise...

La personne handicapée physique et la personne âgée n'échappent pas à ce discours et doivent, de plus, négocier avec le réel d'un corps qui ne répond pas aux stéréotypes sociaux, qui a vieilli, qui est douloureux, qui ne répond pas aux stimulations, qui n'a pas toutes les fonctionnalités nécessaires pour accorder les plaisirs de la chair...

De plus, ce corps est souvent objet (mais rarement sujet) de soins. Le corps est rééduqué, médicalisé, appareillé, pris en charge par une équipe. À tel point que la fracture corps/esprit ne peut que s'approfondir. Un travail parfois long est nécessaire pour que la personne se réapproprie son corps et puisse se reconnaître comme désirant et objet de désir.

Mettre en place des ateliers à médiation corporelle

Exemples d'approches psychocorporelles ou ateliers à médiation corporelle :

- les activités autour de l'eau : balnéothérapie ;
- les ateliers autour de l'image de soi : relooking, photo, vidéo, esthétique.

Exemple

« Un atelier peut être instauré avec les personnes très dépendantes. C'est simple à réaliser et donne toujours satisfaction. On aide le (la) résident(e) à prendre un bain moussant, parfumé, puis à se draper dans de nombreux tissus de couleurs et de textures différentes devant une grande glace. Souvent, il n'existe pas de glaces qui permettent de se voir en entier dans les centres. Là, elles peuvent se regarder et se coiffer, se mettre des chapeaux. On peut même prendre des photos, ce qui peut donner lieu à une exposition. En principe, les personnes sont heureuses et fières d'avoir posé et de se sentir belles et reconnues ainsi. Des ateliers maquillage, coiffure peuvent également rendre les gens heureux...[9]»

Promouvoir la sensorialité et la sensualité

La qualité de vie et la santé sexuelle passent par la (re)découverte d'un corps connecté et éveillé par tous ses sens. De nombreux projets et ateliers développent la stimulation sensorielle : espaces Snoezelen, jardins sensoriels, activités danse, relaxation, massages...

9. « Vie affective et sexuelle des personnes accueillies en institution sociale et médico-sociale : un autre regard », journée d'étude organisée par l'ANDESI et le CREAI Centre, 2008.

« La sensualité s'exprime dès la naissance et tout au long de la vie. Elle est l'un des moteurs de l'existence et, si elle trouve une sorte d'aboutissement dans la sexualité, celle-ci n'est pas son unique but. La sensualité s'exprime par tous les sens, passe par le plaisir de déguster un mets fin, de sentir certains parfums, d'écouter de la musique, par le bienfait d'un massage, le plaisir de la danse ou d'une caresse affectueuse. Pas plus que le désir, la sensualité ne s'évanouit avec l'âge, le lieu de vie ou encore la maladie. La séduction et une certaine érotisation de la relation au sens du plaisir qu'on peut y trouver demeurent sources d'épanouissement. Elles se traduisent par une disponibilité, une appétence relationnelle, mais n'appellent pas nécessairement la sexualité génitale[10]. »

Mettre en place des séances d'éducation à la sexualité, des groupes de parole

« L'absence d'éducation sexuelle est une forme sournoise et forte d'éducation à l'absence de sexualité[11]. »

Adopter des précautions préalables

Différents facteurs peuvent contribuer à l'émergence de groupes de parole. C'est parfois un long cheminement institutionnel, soutenu par un projet d'établissement et la formation des professionnels, qui a interrogé les constats, les difficultés rencontrées et les questions éthiques. Les groupes de parole s'inscrivent alors en continuité dans ce projet.

Mais c'est aussi à l'occasion de la révélation d'une difficulté (violence sexuelle, plainte concernant le non-respect de l'intimité...) ou du rappel de l'obligation de mettre en place des séances d'éducation sexuelle que le besoin de structurer une réponse spécifique apparaît. La contribution d'un intervenant extérieur est alors souvent recherchée.

10. Hélène Sabbe-Bérard, *La personne malade d'Alzheimer est-elle libre d'avoir une vie intime en institution ?*, Espace national de la réflexion éthique sur la maladie d'Alzheimer, www.espace-ethique-alzheimer.org.

11. Roger Dadoun, *Cent fleurs pour Wilhelm Reich*, Payot, 1975.

Quelle que soit l'origine du projet, un minimum de questionnements et de préparation est nécessaire (voir les développements « Mettez en place une politique cohérente » page 92).

Prévoir des relais en soutien aux animateurs des groupes

Le principe de la confidentialité des propos tenus est une des règles de fonctionnement des groupes. Toutefois, un participant peut exprimer un besoin qui peut ne pas trouver de réponse dans le groupe. L'animateur doit pouvoir alors solliciter des relais. Il peut s'agir des relais internes à l'établissement (équipe éducative, médecin, infirmière, psychologue...). C'est pourquoi l'ensemble des professionnels de l'établissement doit être informé et associé en amont de l'action.

Les relais peuvent être aussi externes : planning familial, sexologues, conseillers conjugaux...

Les familles peuvent également être sollicitées, en accord et dans le respect de l'intimité de la personne.

À qui s'adressent les groupes de parole

Les groupes de parole peuvent s'adresser autant à des groupes d'enfants que d'adultes et quels que soient les types de dépendance et de handicap (moteur, sensoriel, mental, psychique). L'éducation sexuelle se fait à tout moment de la vie en tenant compte des connaissances et des préoccupations des personnes, de leur vécu et de leur maturité affective.

Une attention particulière est accordée à la composition des groupes en fonction des objectifs visés : groupes mixtes ou non mixtes, groupes par tranches d'âge, par niveaux de développement...

La question de la mixité

« La mixité est déconseillée dans les groupes de parole "débutants". Elle peut gêner la liberté d'expression des participants. Les garçons ne diront pas la même chose s'ils sont entre eux ou s'ils se retrouvent face à des filles, et *vice versa*.

→

→
En revanche, si les participants ont déjà participé à des groupes de parole, et s'ils en font la demande, la mixité peut être envisagée et profitable.

Dans un même établissement, dans une même journée, un groupe de parole peut se dérouler avec des filles, puis un autre avec des garçons. Ils évolueront différemment. Il est fréquent que deux groupes de parole se déroulent en parallèle. L'impact pour l'animateur n'est pas négligeable, autant pour le temps qu'il consacrera à la préparation que pour le temps dévolu à l'analyse ou à l'organisation[12]. »

Les animateurs et les règles de fonctionnement

Les animateurs peuvent être externes ou internes à l'établissement. Des formations spécifiques pour les animateurs sont proposées dans les plans de formation. Ils interviennent seuls ou en binômes, souvent mixtes.

Il est important que les règles de fonctionnement des groupes soient connues de tous (les participants du groupe, mais aussi les familles et les professionnels de l'établissement). Les règles portent sur le principe de confidentialité, le respect de la parole de l'autre, l'engagement dans la participation aux séances...

12. « Accompagnement à la vie affective sexuelle. Guide pratique pour l'animation des groupes de parole », document réalisé dans le cadre des formations du service AVAS du programme France de Handicap international, mai 2007.

Fiche outil

Types de thèmes traités lors de séances d'informations[13]

■ « Hygiène du corps en général et hygiène intime. Ce thème constitue un bon exemple à la croisée du psychique (estime de soi) et du physique, lequel se subdivise entre ce que tout individu peut vouloir apprendre ou développer (soins cosmétiques, épilation, esthétique, maquillage, tatouages, piercings, etc.) et ce qui est lié à la réalité d'un corps (spasticité, zones sensibles, positions tenues sur la longue durée, incontinences, etc.).

■ Connaissance de son corps, de son sexe et de l'autre sexe, du fonctionnement des organes génitaux, leur exploration entre justes distances et justes proximités.

■ Reconnaissance des sentiments, en soi-même et chez autrui, repérage des ressentis positifs et négatifs.

■ Contraception, grossesse non désirée, interruption de grossesse, stérilisation, stérilité.

■ Prévention des maltraitances et violences sexuelles.

■ Prévention du Sida, des infections sexuellement transmissibles (IST).

■ Désirs de grossesse, projets de maternité et paternité.

■ Ménopause et andropause.

■ Rencontres, vie à deux, fêtes de reconnaissance de couples, mariage, séparation, divorce et autres moments délicats dans la vie d'un couple. »

■ Supports d'animation, outils

De nombreux supports sont utilisés pour étayer les séances d'éducation sexuelle ou les groupes de parole : dépliants et affiches, CD-Roms, vidéos, jeux pédagogiques, photos-langages, boîtes à surprises, boîtes à questions, moyens de contraception, serviettes hygiéniques, poupées sexuées, marionnettes, etc. Des mallettes pédagogiques sont disponibles dans le commerce (voir ci-après « Quelques ressources pédagogiques »).

---

13. « Guide de bonnes pratiques dans le contexte des institutions spécialisées. Soutien à la mise en œuvre des "Recommandations pour une éducation à la santé sexuelle des personnes en situations de handicaps" publiées par Santé Sexuelle Suisse », Association SEHP (Sexualité et Handicaps Pluriels), juin 2012.

Quelques ressources pédagogiques et possibilités de prêt de supports

« Accompagnement à la vie affective et sexuelle. Guide pratique pour l'animation des groupes de parole », document réalisé dans le cadre des formations du service AVAS du programme France de Handicap international, mai 2007.

« Les outils pédagogiques sur le thème de la sexualité », CODES Morbihan, centre de ressources documentaires du CODES 56. Le centre de ressources documentaires du CODES 56 dispose d'un fonds d'outils pédagogiques en éducation pour la santé, accessible aux professionnels du secteur sanitaire et social du département du Morbihan. Ces outils comportent des cassettes vidéo, audio, des jeux, des CD-Roms, des diapositives, des expositions, des dossiers pédagogiques... Ces outils pédagogiques sont prêtés selon certaines conditions.

« Santé et sexualité. Catalogue des outils de prévention CRIPS Pays de la Loire » : vidéos, kits et jeux pédagogiques, CD-Rom, photo-langages, expositions... Catalogue disponible sur les sites : www.lecrips.net et www.sante-pays-de-la-loire.com.

« Lignes directrices canadiennes pour l'éducation en matière de santé sexuelle », Agence de la santé publique du Canada, www.santepublique.gc.ca/its, 2003.

« Boîte à outils méthodologique pour les porteurs d'actions d'éducation à la vie affective et sexuelle des jeunes. » Ce guide méthodologique a été élaboré par l'IREPS Bretagne antenne du Morbihan avec le soutien de l'Agence régionale de santé, délégation territoriale du Morbihan : www.codes56.org, juin 2012.

« Mode d'emploi : guide d'utilisation du programme. Organisation à respecter afin que soit mise en œuvre l'éthique d'intervention du Programme d'éducation à la vie affective et sexuelle (PEVAS) des enfants et jeunes accueillis à l'IME Montaudin », www.handesir.org, 2007-2008.

« Au-delà de l'essentiel : guide-ressources sur l'éducation en matière de santé sexuelle et reproductive », Fédération canadienne pour la santé sexuelle, www.cfsh.ca, 2006. →

→
« Carrefour d'initiatives et de réflexions pour les missions relatives à la vie affective et sexuelle », Centre régional d'information et de prévention du Sida, www.cirm-crips.org.

« Vie affective et sexuelle : comprendre, intervenir, orienter », dossier en ligne CIRM/CRIPS, www.cirm-crips.org/doc/edossier.sexualite.pdf, juin 2009. Dossier constitué exclusivement de liens vers des études/rapports, des articles de réflexion, des ressources bibliographiques et pédagogiques. Le dossier s'articule en 4 parties : Connaissances ; Indicateurs et politiques d'éducation sexuelle ; Intervention : méthodes, approches et pistes ; Liens et adresses utiles.

« Bibliographie thématique : sexualité et handicap », IREPS Bourgogne, www.ireps-bourgogne.org, www.episante-bourgogne.org, janvier 2012.

« Bibliographie : Handicap et éducation à la vie affective et sexuelle », CREAI Nord – Pas-de-Calais, mai 2011. Les ressources sont issues du catalogue collectif en ligne partagé par le Groupement régional de promotion de la santé et le Comité départemental d'éducation pour la santé Pas-de-Calais, www.cirm-crips.org/doc/dossiervashandicap_mai2011.pdf.

Jacqueline Delville, Michel Mercier, Carine Merlin, « Des femmes et des hommes. Programme d'éducation affective, relationnelle et sexuelle destiné aux personnes déficientes mentales », *Éducation Santé*, n° 157, mars 2001.

Germain Couture, Marc Daigle, « Programme d'éducation à la vie affective, amoureuse et sexuelle pour personnes présentant des incapacités intellectuelles modérées », Rapport de recherche, CRDITED, 2009.

Pierre Leblanc, Isabelle Mathéi, *Vivre son affectivité et sa sexualité. Éducation affective et sexuelle pour adultes handicapés mentaux – un matériel didactique*, Édition Jeunesse et droit, Liège, 2004.

Faciliter, étayer, suppléer l'activité sexuelle

L'éducation sexuelle n'est pas toujours suffisante et certaines personnes requièrent une aide directe ou indirecte dans leur vie affective et sexuelle. L'accompagnement peut être orienté vers l'aide à la création de rencontres et à la relation (voir les développements précédents page 66), le maintien des manifestations affectives dans la sphère de l'intimité (voir page 38 « Préservez l'intimité et la vie privée des personnes »), l'accès à des moments d'intimité et de sexualité, l'aide médicale ou le conseil technique pour faciliter les relations sexuelles, la mise à disposition d'accessoires...

De nombreuses questions se posent alors sur l'ingérence dans l'intimité des personnes, les risques de confusion de rôle... Le personnel soignant et éducatif n'est pas toujours formé à ces approches et ne sait pas toujours comment réagir face à certaines demandes ou situations. Il est important que ces pratiques soient reconnues par votre institution (projet d'établissement, procédures, chartes...) et que les professionnels puissent se former et exprimer leurs difficultés (analyses de pratiques...).

Faciliter l'installation

Certaines personnes dépendantes nécessitent une préparation au rapprochement corporel ou à l'acte sexuel. Cela peut concerner les soins, la toilette, l'installation dans une certaine position lors de la mise au lit, le contrôle que les personnes ne seront pas dérangées dans leur intimité...

Comme, par exemple, rapprocher les lits médicalisés d'un couple de personnes âgées en maison de retraite pour qu'ils puissent se tenir la main en s'endormant comme ils l'ont toujours fait dans leur vie.

La mise à disposition d'accessoires

Différents accessoires ont comme fonction de stimuler le désir, faciliter la relation sexuelle ou la sécuriser : revues ou films pornographiques, préservatifs, sextoys pour femmes ou pour hommes (des sites spécialisés fournissent aujourd'hui une gamme de sextoys adaptés aux différents handicaps), gels intimes.

Là encore, les professionnels doivent intégrer cette pratique dans leurs missions, sans se sentir « choqués », et dans le respect des personnes. Un travail de réflexion institutionnelle sur ces questions est indispensable. Par ailleurs, le maniement d'accessoires peut nécessiter un avis médical dans certains cas et une éducation de la personne sur son utilisation.

Tenir compte des difficultés spécifiques liées à l'âge, à la nature du handicap

De nombreux problèmes liés à l'âge ou à la déficience interviennent comme frein à l'activité sexuelle autoérotique ou de couple. Ces questions doivent pouvoir être abordées le plus simplement possible avec la personne ou le couple. Un avis médical est souvent requis.

Fiche outil

Suggestions de remèdes aux problèmes courants liés aux déficiences physiques et à la sexualité

Perte de sensation

Découvrir de nouvelles zones érogènes (les zones sensibles au toucher) si les organes génitaux ont été atteints.

Faiblesse musculaire

Si les mains ou les bras sont atteints, utiliser des stimulants sexuels (vibrateurs). Des jouets sexuels à main ou télécommandés pourraient être utiles.

Spasmes musculaires

Les spasmes peuvent accroître ou atténuer le plaisir. Tenter de trouver des positions qui encouragent ou inhibent les spasmes en conséquence.

→

→

Incapacité d'atteindre ou de maintenir une érection

Explorer des solutions de rechange à la relation sexuelle avec pénétration ; les anneaux péniens peuvent aider à atteindre l'érection en empêchant le flux sanguin de quitter le pénis ; discuter d'implant pénien avec un urologue ; utiliser des jouets pour obtenir diverses sensations.

Incontinence urinaire/fécale

Parler à son partenaire de la possibilité d'un accident pour éviter les mauvaises surprises et apaiser l'anxiété ; limiter l'ingestion de liquides avant la relation sexuelle et tenter d'uriner avant ; garder des serviettes à portée de la main et préserver le matelas au moyen d'un recouvrement, si possible.

Utilisation d'un cathéter

Demander à un médecin si le cathéter peut être retiré pendant les activités sexuelles. S'assurer d'abord que la vessie est vide.

Fatigue/endurance

Trouver des positions moins épuisantes physiquement et prendre un rôle moins actif dans la relation sexuelle ; utiliser des stimulants ou des jouets sexuels ; des activités autres que la relation sexuelle avec pénétration peuvent être moins épuisantes.

Essoufflement

Installer l'usager dans une chambre bien ventilée ou climatisée ; demander au médecin si l'usager peut utiliser un pulvérisateur bronchique avant une relation sexuelle ; trouver des positions qui ne causent pas de pression sur la poitrine ou le diaphragme et qui nécessitent moins d'énergie.

Douleur aux articulations

Trouver des positions qui ne causent pas de pression sur les articulations. Il existe des oreillers conçus pour mettre à l'aise pendant la relation sexuelle. Incorporer la thermothérapie à la relation sexuelle.

→

→

Douleur au dos/cou

Maintenir le dos et le cou alignés autant que possible ; maintenir le dos au moyen d'un matelas ferme ; trouver un moyen de soutenir le cou durant la relation sexuelle.

Médicaments

Certains médicaments peuvent causer de la fatigue, diminuer la libido ou inhiber le plaisir sexuel. Consulter le médecin sur les effets indésirables des médicaments. Tenter de voir avec l'usager à quel moment de la journée il a le plus d'énergie.

Éjaculation précoce

L'usager devrait discuter avec son partenaire de sa condition pour éviter de mauvaises surprises ou des malentendus. Des solutions de rechange à certains médicaments peuvent causer moins de perturbations. Il est avisé de consulter le médecin. Discuter du problème avec un sexothérapeute si cette condition persiste et dérange la vie sexuelle.

Difformité

Une image corporelle saine est importante. Trouver différentes positions qui sont confortables ; inciter l'usager à parler de ses sentiments, de ses préoccupations et de ses attentes avec le partenaire.

Lubrification vaginale insuffisante

Utiliser des lubrifiants ; prendre son temps ; prolonger les préludes amoureux pour que la lubrification naturelle ait lieu ; incorporer des techniques de relaxation, comme le massage et la thermothérapie.

Cécité ou troubles de la vision

Mettre l'accent sur l'exploration du corps au moyen d'attouchements, d'odeurs, de sons et de l'imagination.

→

→

Paraplégie ou quadriplégie

La fonction sexuelle peut être atténuée, mais la sensibilité de certaines zones peut être accrue. La sensation habituelle d'un orgasme pourrait ne plus être ressentie, mais la stimulation d'autres parties du corps pourrait avoir le même effet.

Personne en fauteuil roulant ou dans un plâtre

Explorer des positions qui permettent d'être le plus à l'aise possible. L'utilisation d'oreillers peut permettre d'adopter différentes positions.

Blessure à la moelle épinière

Chez l'homme, une blessure à la moelle épinière peut toucher l'orgasme, les érections et l'éjaculation. Le désir, le plaisir et les sensations liés aux zones érogènes peuvent tout de même avoir lieu. Même dans le cas de perte de toutes les sensations génitales, la personne pourrait tout de même ressentir des orgasmes grâce à la stimulation d'autres parties du corps ; un anneau pénien peut aider dans le cas d'une faible érection. Lorsqu'une érection n'est pas possible, des implants peuvent constituer une option (par exemple un implant pénien). Utiliser un vibrateur puissant sur le gland du pénis ou sur les testicules peut parfois améliorer l'éjaculation.

Source : www.masexualite.ca/enseignants/education-sexuelle-pour-les-jeunes-presentant-des-deficiences-physique

Proposer une aide médicale et sexologique

Une consultation sexologique peut être proposée pour évoquer des difficultés ou des questions générales : réponse aux angoisses, questions sur la normalité, problèmes organiques, problèmes d'orientation sexuelle, comportements particuliers (perversions).

Ou des questions spécifiques liées à des troubles :

• du « début » du rapport : problèmes de désir (trop ou pas assez), problèmes de l'imaginaire (fantasmes), problèmes de manifestations du désir (l'envie sans expression corporelle : érection et lubrification) ;

- de la réalisation du rapport : difficultés sur les préliminaires, des douleurs, impossibilité de pénétrer (perte de l'érection ou douleur/porte fermée chez la femme), éjaculation rapide, absence de sensations agréables ;
- de l'aboutissement du rapport : absence d'éjaculation, absence d'orgasme...

Recours à des assistant(e)s sexuel(le)s

L'état actuel de notre législation ne permet pas aux directions des établissements et aux professionnels de promouvoir ces types de réponses sans risquer l'incrimination de proxénétisme et de violence sur une personne vulnérable (voir page 34).

Nous ne pouvons qu'inciter l'ensemble des acteurs à contribuer aux réflexions existantes, à l'information objective du grand public sur la réalité des problèmes rencontrés et à maintenir une veille active sur l'avancée des débats et des positions politiques.

Anticipez le désir d'enfant

La pulsion sexuelle est indissociable de la procréation et porte intrinsèquement l'enjeu de la perpétuation de l'espèce. La difficulté à concevoir la sexualité pour les personnes vulnérables, dépendantes, handicapées trouve-t-elle son origine dans un inconscient collectif visant à écarter de la procréation des personnes moins aptes, tout du moins du point de vue de la société et de la hiérarchie du pouvoir ? Est-il possible de dépasser cela au XXIe siècle ?

La parentalité, d'abord une question éthique

Si la sexualité a longtemps été réfrénée dans les institutions pour personnes handicapées, c'est bien souvent à cause du risque de maternité.

La contraception, même systématisée, ne suffit pas, puisque le désir de parentalité peut toujours s'exprimer. On touche alors à des problèmes très vastes. Un problème lié au projet d'établissement : en cas de grossesse, l'établissement est-il adapté (en termes de mission, de plateau technique...) pour accompagner la personne dans sa grossesse et prendre en charge l'enfant ? Un problème éthique plus vaste, qui traverse notre société, sur le droit à la parentalité pour les personnes en situation de handicap, question qui n'est pas interrogée concernant le droit à la parentalité des toxicomanes, alcooliques, délinquants et personnes en dessous du seuil de pauvreté... Précisons que le droit à la parentalité, comme le droit à la sexualité, ne sont pas des droits juridiques. Le débat éthique renvoie à la mise en danger de la future mère (complications lors de la grossesse), à la reproduction du handicap, et enfin au devenir de l'enfant. Le droit d'accéder à la parentalité ne peut en effet se considérer qu'en appréhendant simultanément le droit de l'enfant à avoir des parents en capacité de l'élever.

« Si la stérilisation des handicapés ne se justifie qu'exceptionnellement, l'incapacité parentale de nombre de handicapés et de malades mentaux impose des précautions pour éviter de faire naître des enfants qui souffriront de très graves difficultés[14]. »

Cela étant posé, il apparaît immédiatement qu'il est impossible d'établir un lien de causalité direct entre une situation de handicap, de vulnérabilité, de dépendance et l'incapacité, de fait, de prendre soin et d'éduquer un enfant.

Exemple

L'Institut mutualiste Montsouris a mis en place depuis plusieurs années des consultations obstétriques pour patientes sourdes, handicapées moteur et visuel. Si la parentalité pour les personnes présentant ces types de handicap apparaît *a priori* moins problématique que pour d'autres (handicap mental notamment), le site de l'institut rappel que « la moitié des patientes suivies dans ce cadre à l'Institut mutualiste Montsouris a été refusée dans les autres maternités » (www.imm.fr).
Il est ainsi absolument nécessaire d'éviter toute forme de généralisation, que ce soit d'un handicap à un autre ou d'une situation à une autre.

L'ensemble de ce débat repose avant tout sur la définition que chacun donne au fait d'être parents, aux qualités que cela suppose. Il est évident que cela ne se résume pas à des capacités techniques ou instrumentales, et que l'investissement affectif, la capacité de le porter, d'avoir du désir pour lui sont également présents. Les fondements du désir d'enfant peuvent également être interrogés, mais là encore il est bien difficile de dire en quoi la spécificité de la situation de la personne devrait la priver automatiquement de ce désir (le fantasme de « réparation », de complétude par l'enfant à naître, les projections n'épargnent personne).

Ainsi chaque situation nécessite une approche globale visant à savoir quels seraient concrètement les besoins d'un enfant que

14. Marie-Laure Lagardère, Hélène Strohl, Bernard Even, « Rapport sur les problèmes posés par les pratiques de stérilisation des personnes handicapées », Inspection générale des affaires sociales, La Documentation française, mars 1998.

ses parents ne pourraient satisfaire compte tenu des possibilités de compensation et des ressources mobilisables (comme pour toute personne faisant appel à la complémentarité dans le couple, à la solidarité de la famille, aux compétences et aux savoir-faire des services de droits communs pour pallier les difficultés rencontrées).

Lorsque le désir d'enfant survient pour une personne accompagnée dans votre établissement, la première des réponses à y apporter n'est ni la contraception, ni le budget de la layette, mais bien un accompagnement pour pouvoir se projeter sur le devenir de l'enfant, les différentes situations auxquelles les parents seront confrontées et les problèmes qu'ils devront résoudre. Ceux-ci ne sont pas nécessairement différents de ceux de tous parents, mais la question sera de savoir dans quelle mesure ils y feront face.

Un travail nécessaire autour de la contraception

L'interdit de la maternité figure encore dans les postulats des établissements pour personnes handicapées adultes. Il est justifié par l'incapacité présumée de la mère (des parents) de prendre en charge l'enfant et le fait que la mère ne pourra rester dans un établissement pour adultes. Le corollaire présent est le placement de l'enfant dans les services de l'Aide sociale à l'enfance.

Ce discours, partagé par la majorité des professionnels et des administrations, est généralement intégré par les personnes accueillies. Il est cependant nuancé selon les catégories de handicaps.

La prévention des grossesses reste donc une priorité dans les établissements et ceci d'autant plus que la liberté sexuelle peut s'exprimer. La mise sous contraceptifs (oraux le plus souvent pour des questions de sûreté), souvent imposée de façon collective, se fait généralement avec l'accord des familles. Pour certaines, la difficulté est surtout de reconnaître la sexualité de leur enfant.

Le principal point de vigilance porte alors sur le processus de concertation entre la personne, sa famille, le médecin et l'équipe d'accompagnement, afin que la décision de contraception soit réellement portée (librement choisie) par la personne concernée. L'équipe éducative est alors chargée d'un rôle de supervision du respect de la prise du contraceptif. Il en va de même pour la stérilisation, qui ne peut s'envisager que dans un cadre légal très précis (voir page 31).

L'information et l'éducation sexuelle prennent ici toute leur dimension, pour que la personne soit consciente des conséquences possibles de son activité sexuelle, interroge son désir d'enfant à travers toutes les représentations concernant la vie de famille, les rôles sociaux de l'homme et de la femme...

L'accompagnement de la grossesse et le soutien à la parentalité

Une grossesse, désirée ou non, peut toutefois survenir. Si la personne demeure, en droit, souveraine dans sa décision de garder ou non son enfant, on peut cependant s'interroger sur les jeux d'influence qui l'accompagnent. Il ne s'agit certainement pas d'un avis technique qui doit être prononcé par le référent ou l'équipe dans une réunion-projet. Si un avis (et simplement un avis) doit être donné par l'établissement d'accueil, il est important que cette question soit soulevée avec tout le recul et la gravité qui s'impose. Les commissions éthiques installées dans les associations peuvent avoir alors un rôle important à jouer, mais c'est aussi le cas d'instances tierces (planning familial...).

L'accompagnement de la personne dans sa grossesse, si tel est son choix, est prodigué avant la réorientation vers une structure mieux adaptée (SAVS, maison maternelle...).

Chapitre 4

Définir une politique et des projets cohérents

Les points clés du chapitre

1. Mettre en place une politique cohérente : Avoir l'ambition d'améliorer les réponses de l'établissement en matière de prise en compte de la sexualité des personnes accompagnées constitue un engagement fort de la structure. Le questionnement sur la nature de la politique à mener, le repérage précis des besoins et demandes du public, l'évaluation du contexte et de l'environnement de l'établissement et des risques éventuels sont autant d'aspects à considérer pour construire une politique cohérente en la matière.

2. Prendre en compte l'ensemble des parties prenantes : La mise en œuvre d'une telle politique nécessite le respect de l'ensemble des points de vue des différentes parties prenantes du projet institutionnel. Cette prise en compte légitime ne doit pas cependant reléguer à un second plan les demandes et les besoins des personnes elles-mêmes qui doivent bien être au centre des préoccupations.

3. Formaliser un cadre de référence : L'affirmation de la politique institutionnelle en matière de sexualité des personnes accompagnées peut être rendue lisible dans la plupart des supports de l'établissement. La nature des informations à présenter diffère cependant fortement d'un document à l'autre.

Mettez en place une politique cohérente

Au regard de la complexité de la question de la sexualité des usagers et des enjeux liés à leur vie affective et sexuelle, on peut difficilement envisager une réponse isolée. C'est un véritable projet qu'il vous faut définir : de l'analyse fine des besoins au suivi et à l'évaluation des actions.

Inscrire les actions dans un projet pérenne

Confrontés à des besoins ou des demandes exprimées par les résidents, ainsi qu'à des questionnements pratiques et éthiques de la part des équipes, des familles et des administrateurs, certains établissements ont commencé à mettre en place des projets sur la vie affective et sexuelle.

Les publications et les congrès concernant la sexualité des personnes accompagnées foisonnent. Les médias s'emparent aussi de ces questions, souvent de façon maladroite, en alimentant par exemple un débat binaire et réducteur sur l'assistance sexuelle. Les demandes de participation à des formations sur la sexualité des personnes handicapées sont de plus en plus fortes dans les plans de formation et dans les offres des organismes de formation.

Aujourd'hui, vous devez donc cerner les besoins exprimés dans votre structure, sélectionner les actions de formation les plus adaptées et donner de la cohérence aux actions à engager. Envoyer quelques personnels suivre une formation ne suffit pas, il s'agit à partir d'une réflexion approfondie dans votre structure de conduire un projet global.

■ Faire un état des lieux préalable

Cernez les besoins, les attentes, les demandes des différents acteurs dans un état des lieux préalable :

• Quels sont les besoins et les attentes exprimés par les personnes accompagnées ? (recueil au quotidien par les professionnels, axes des projets personnalisés, demandes formulées en groupes d'expression, comptes rendus du conseil de la vie sociale, retours d'enquêtes, travaux de stagiaires...) ;

• Quelles sont les demandes, représentations, positions des familles ? (mêmes supports de recueil que pour les personnes accompagnées) ;

• Quels sont les besoins exprimés par les professionnels ? (questions posées lors des réunions projet personnalisé, synthèse des analyses de pratique, réunions générales, travaux de groupe concernant le projet d'établissement, le règlement de fonctionnement, l'évaluation interne, les entretiens annuels d'évaluation des salariés...) ;

• Quelle est la position du conseil d'administration ? (projet associatif, relevés de décision, comptes rendus...) ;

• Quelles sont les ressources locales ? Quels sont les réseaux locaux compétents et mobilisables ? (personnes ressources, organismes...) ;

• Quelles sont les expériences et pratiques des institutions du territoire ? (projets d'établissements, plans de formation, retours d'expérience, colloques...).

Constituer un comité de pilotage, un noyau de personnes ressources

Mettre en place un comité de pilotage, c'est considérer qu'il faudra :

• coordonner un certain nombre d'actions ;

• qu'au vu des enjeux éthiques, vous ne pouvez pas, à vous seul, porter les réflexions nécessaires ;

• apporter des réponses en termes de savoirs et de techniques, mais surtout accompagner des changements de représentation auprès d'acteurs très différents (d'où l'importance d'un comité de pilotage élargi) ;

• mener cette action sur la durée.

Le comité de pilotage doit donc être constitué très en amont des premières actions. Il peut être composé de l'équipe d'encadrement, de professionnels représentatifs des différents services, de familles, d'un membre du conseil d'administration.

Par ailleurs, les retours d'expérience des projets menés mettent en évidence l'intérêt de créer un groupe de personnes ressources plutôt que de spécialiser une seule personne sur le projet. Le risque serait en effet de créer l'idée qu'une personne est spécialiste de la question... et de lui déléguer toutes les observations et les cas difficiles. Un groupe pilote sera un bien meilleur relais d'information et sera plus constant dans la durée.

Maintenir une exigence éthique dans les actions menées

Il est bon de rappeler que les actions doivent toujours être en lien direct avec les besoins des personnes accueillies. On se méfiera des actions qui viendraient en réponse à des problématiques externes à la situation des personnes accueillies.

La question de la sexualité n'est jamais neutre. De nombreuses forces interagissent : le poids de notre culture, des religions, des histoires personnelles, de la législation. Sans dramatiser, il est quand même indispensable de mesurer les impacts internes et externes à votre institution dans la mise en œuvre de « projets vie affective et sexualité ».

S'abstenir de la tentation de projection

Les acteurs professionnels ou associatifs, par exemple, prêtent aux résidents des besoins (ou l'absence de besoins), des demandes qui ne sont que le reflet de leur situation personnelle. Les actions de sensibilisation et les formations dans lesquelles les participants sont invités à travailler sur leurs représentations de la sexualité favorisent cette prise de recul nécessaire et permettent de découvrir qu'il n'y a pas une sexualité unique mais des vécus très différents.

S'abstenir de la tentation de généralisation

La difficulté ou l'interpellation de votre institution par un résident ne doit pas forcément engendrer un traitement surdimensionné de la situation et la mise en place d'actions collectives là où une réponse individualisée serait suffisante.

Maintenir le militantisme à la bonne place

Si le militantisme, bien entendu, n'est pas un risque en soi, on se méfiera des actions à l'origine d'un établissement qui visent à produire des prises de conscience au-delà des seuils de tolérance communs ou à mobiliser excessivement l'environnement extérieur. Si c'est une stratégie, il conviendra d'en mesurer les effets.

Le militantisme ou l'ouverture d'un débat sociétal sur la vie sexuelle des personnes âgées ou handicapées est toutefois une nécessité pour faire évoluer les représentations et le cadre législatif. Certaines fédérations sont très actives sur le droit à la sexualité et organisent de nombreux congrès nationaux et départementaux.

Éviter les décalages avec d'autres établissements, avec la société civile

Dans un contexte de politiques d'intégration des personnes handicapées, le risque paradoxal ne serait-il pas de choquer une opinion publique par des positionnements ou des pratiques qui iraient à l'encontre des normes actuelles (ou qui seraient trop en avance) ? Certes, il n'existe pas encore de projets de maisons de retraite libertines ! Mais sans aller jusque-là, il faut néanmoins s'attendre à ce que certains projets provoquent de l'incompréhension, voire des réactions violentes…

Les politiques d'intégration à travers la loi du 2 janvier 2002 et la loi du 11 février 2005 pour l'égalité des droits et des chances, la participation et la citoyenneté des personnes handicapées visent à promouvoir l'intégration et la participation des personnes à la vie en société et non à créer des espaces fermés – hors du temps, de l'espace public… et des normes sociales. Il en va ainsi des normes relatives à la sexualité qui génèrent aussi, chez chacun, leur cortège de frustration et d'hypocrisie… Il s'agit donc de reconnaître dans les « projets vie affective et sexualité » qu'il ne peut pas y avoir de réponse totale et idéale sans prise en compte du rapport que notre société entretient avec la sexualité. Attention donc au mythe de la recherche illusoire d'une sexualité totalement accomplie, « d'un droit absolu à la sexualité » pour une personne accompagnée.

Les projets doivent donc être accompagnés d'un plan de communication à long terme étayé sur le recueil des représentations de l'environnement.

Exemple

Deux établissements attenants de la même association (un foyer d'hébergement et un foyer de vie) entament un travail sur la question de la prise en compte de la sexualité des résidents. Cependant, la réflexion s'arrête très rapidement pour le foyer de vie, les professionnels estimant que l'on ne peut pas vraiment parler de sexualité pour les résidents (pas de capacités pour nouer des relations, avoir une vie de couple...) alors qu'ils y sont pourtant confrontés quotidiennement (masturbation en public).

Le foyer d'hébergement poursuit quant à lui la réflexion et met en place des formations pour les professionnels, des séances d'éducation à la sexualité pour les résidents, des séances d'écoute individuelle, et adapte certaines pratiques, règles de vie et aménagements (chambres pour couple, par exemple).

L'écart entre les deux établissements est tel que des représentations et des rumeurs extrêmement violentes sont véhiculées par les professionnels du foyer de vie... exprimées sur le ton de la plaisanterie (le foyer est assimilé à une maison close, les résidents à des excités lubriques changeant de partenaires constamment et l'éducatrice référente de l'action à une mère maquerelle...).

Ne pas formaliser à outrance

Développer des compétences, et des réponses pour améliorer la prise en compte de la sexualité des personnes accueillies est une intention louable et conduira, cela est souhaitable, à davantage de professionnalisme sur ce point. Des dérives sont possibles, elles sont communes à toute démarche visant à acquérir plus de maîtrise sur un processus. Compte tenu des attentes et évolutions fortes en matière de formalisation, la thématique de la sexualité n'échappera pas à cela.

Du point de vue de la réflexion collective, l'élaboration de supports (charte, repères éthiques, projets institutionnels) ne peut que rendre service, comme autant d'occasions de faire avancer et de signifier les réflexions portées par la structure (voir plus bas).

Au niveau individuel, il convient d'être plus prudent. La sexualité peut-elle être abordée comme un plan d'analyse ou d'observation, tel qu'on pourrait le trouver dans des grilles d'évaluation ou des projets personnalisés ? Ce type de démarche a toutes les chances de porter atteinte à l'intimité et la vie privée des personnes ou de faire surgir des références normatives peu adaptées. L'abord frontal et systématique de la sexualité dans le projet personnalisé paraît dans tous les cas inadapté.

Dans le même registre, la formalisation de projets de couple (outre que cette notion n'existe pas dans le Code de l'action sociale et des familles) comporte plusieurs risques majeurs :

- l'effacement ou la non-reconnaissance de certains besoins ou caractéristiques de l'une ou l'autre personne du couple ;
- la définition du périmètre d'un tel projet peut rapidement amener des dérapages (s'agit-il de traiter de l'organisation de la vie de couple au quotidien, de projets de vacances, des relations au sein du couple, de l'insatisfaction sexuelle de l'un ou de l'autre ?) ;
- l'immixtion dans l'intimité du couple et la responsabilité dès lors portée par l'établissement dans de tels projets.
- Il peut être préférable dans ce domaine de faire appel à des professionnels (conseil conjugal et familial) mieux à même de traiter de manière neutre les problématiques liées aux couples.

Prenez en compte les différentes parties prenantes

La réussite des actions concernant la vie affective et sexuelle des personnes accompagnées dépend en grande partie de votre capacité à prendre en compte leurs attentes et travailler avec elles et tous les acteurs qui les entourent. Vous devez mesurer et respecter les positionnements de chacun, mais aussi les soutenir pour évoluer dans des représentations qui empêchent souvent d'accompagner au mieux les personnes. Les ressources de tous les acteurs doivent être mobilisées.

Considérer les personnes accompagnées elles-mêmes

Acteurs des projets et principaux sujets concernés, il est important d'associer les personnes à l'ensemble des projets et à toutes leurs phases, selon leurs capacités d'expression et de compréhension, leurs maturations affectives.

Leur participation à la formulation des besoins et la prise en compte de leurs demandes sont bien évidemment primordiales afin de garantir que les personnes sont véritablement sujets et non objets de leur sexualité.

Cela implique une analyse différenciée, et des espaces de communication et d'échange garantissant le respect de la vie privée.

La participation des personnes pourra alterner sur des temps individuels et collectifs, permettant à la fois de préserver l'intimité mais également d'affirmer publiquement la légitimité d'aborder ces questions.

Prendre en compte le rôle des familles

En dehors des décisions qui relèvent directement de l'autorité parentale, pour les mineurs (devoir de protection, surveillance des fréquentations...) ou du tuteur, pour les majeurs protégés (protection des intérêts personnels et patrimoniaux...), la sexualité d'une personne ne regarde que lui et son partenaire éventuel. Une action d'éducation à la sexualité ou un groupe de parole, par exemple, pourraient tout aussi bien se monter sans en informer les parents, et c'est souvent le cas.

Il est cependant évident que les parents sont les partenaires privilégiés de votre établissement pour l'accompagnement de leurs enfants. Leur information ou association à un projet concernant la vie affective et sexuelle nécessite quelques précautions pour éviter de les propulser dans l'intimité de leur enfant. C'est risquer de les mettre dans une situation embarrassante, mais surtout paradoxale.

C'est en particulier le cas pour les parents d'enfants handicapés, pour lesquels l'institution facilite la prise de recul dans leur relation avec leur enfant. De nombreuses situations confirment que cette évolution est particulièrement difficile et douloureuse. La personne handicapée, devenue adulte, peut toujours être infantilisée par ses parents (voire par les professionnels). Le risque est alors de refuser de lui prêter le

Interview de Denis Vaginay, psychologue et formateur

Selon vous, qui doit avoir la charge de cette responsabilité éducative auprès des personnes handicapées ? Les parents ? Les professionnels ?

« Quand les parents se mêlent de parler directement de sexe avec leur enfant, ils dégagent malgré eux une atmosphère incestueuse plutôt insatisfaisante.

Leur rôle, considérable, devrait se cantonner à une transmission indirecte issue des modèles qu'ils donnent en vivant dans leur couple et en famille. À cette transmission s'ajoute l'effet des commentaires qu'ils font de ce qui se passe dans leur environnement : films, publicités, livres, comportements des jeunes, etc.[15] »...

15. *La santé de l'homme*, n° 412, mars-avril 2011.

moindre désir de sexualité et d'opposer une résistance à des actions d'accompagnement en ce sens. D'autres situations mettent en scène des parents, en prise directe avec la souffrance et la misère sexuelle de leur enfant (des mères relatant par exemple la masturbation de leur fils). Le rôle de l'institution est alors de séparer et de garantir à la personne son propre espace affectif et sexuel.

Il en va de même dans les maisons de retraite, ou dans les centres d'accueil de malades Alzheimer, quand des enfants, ayant toujours été tenus à l'écart de la sexualité de leurs parents, sont informés ou invités à donner un avis sur le comportement de ces derniers.

La question de la participation des familles est d'autant plus complexe quand elles sont également administratrices de l'association gestionnaire. Elles ne sont plus de simples partenaires avec qui communiquer, mais décident et influent sur les orientations éthiques de la structure.

Extrait du « Guide sexualité et handicap. Guide à l'attention des animateurs et animatrices de Centre de planning familial »

« Il est courant que la personne handicapée évolue au sein d'un environnement familial très présent et ce, même à l'âge adulte. La plupart du temps, il existe une forte loyauté de la personne handicapée à l'égard de ses parents. Dès lors, ne pas informer les parents ou aller à leur encontre peut constituer un obstacle à la bonne réalisation du projet. Il est donc important que ces derniers soient informés du processus d'animation, en concertation avec les personnes handicapées. Dans la pratique, il apparaît que la communication avec les parents n'est pas toujours systématique et aisée… En concertation avec l'équipe éducative, des pistes peuvent être imaginées pour instaurer la confiance[16]. »

16. Fédération des Centres de planning familial des femmes prévoyantes socialistes, Bruxelles, 2011.

Fiche outil

Participation des familles au débat

La participation des familles peut être facilitée par :

- leur sensibilisation le plus en amont possible (dès l'admission, au moment de la signature du contrat de séjour, de la lecture du règlement de fonctionnement, à l'occasion de réunions générales) ;
- l'intermédiaire du conseil de la vie sociale (comptes rendus du CVS) ;
- des réunions de sensibilisation ;
- des groupes de parole entre parents ;
- la transmission de questionnaires ;
- des documents d'information de portée générale (articles, actes de colloques...) ou spécifiques (courriers d'information de l'établissement).

En outre, à la demande des familles, les animateurs de groupes de parole peuvent leur expliquer le fonctionnement, les thèmes abordés, tout en veillant à ne pas dévoiler ce qu'il s'y dit.

Le rôle de l'organisme gestionnaire

Le positionnement des associations est très hétérogène sur la question de la vie sexuelle. Cela va de positions irréductibles sur l'interdiction de la sexualité dans les établissements jusqu'à des positions militantes en faveur de l'assistance sexuelle.

Dans tous les cas, il est fréquent de constater que l'absence de posture claire sur la question correspond à des positions différentes, non discutées, attachées à des convictions et systèmes de valeurs individuels des administrateurs. De plus en plus, cependant, les organismes gestionnaires mettent en place des groupes de travail sur ce thème.

Les actions entreprises au niveau de l'établissement pourront ainsi bénéficier d'un accord, mais pas forcément d'un soutien. Il n'est pas garanti que l'organisme gestionnaire monte au créneau pour défendre le travail entrepris en cas de dérapage de l'action, ceci fragilisant la pérennité des actions.

Ainsi, il importe de communiquer régulièrement et notamment de mettre en valeur le bien-fondé et les effets positifs de l'action afin que l'organisme gestionnaire puisse en tirer des bénéfices en termes d'image, ce qui permettra par la suite de s'engager plus fortement dans l'action.

Former les professionnels

Tous les professionnels sont concernés d'une façon ou d'une autre par la question de la sexualité des personnes accompagnées et peuvent bénéficier d'actions de sensibilisation ou de formation.

Les personnels des services administratifs et généraux

Les secrétaires sont souvent en contact quotidien direct avec les résidents et leur famille. Le secrétariat est souvent une plaque tournante où s'expriment les émotions des personnels et les demandes des résidents. Savoir entendre et distancier une demande, la relayer ou bien la maintenir confidentielle nécessite de réfléchir sur son positionnement et demande des capacités de communication élargies.

Les personnels des services généraux exercent leur activité en partie dans les lieux de vie des personnes. Leur sensibilisation au respect de l'intimité est indispensable.

Les personnels éducatifs

Au cœur des projets d'accompagnement, individuels et collectifs, leur participation est primordiale dans les actions à conduire :

- participer à une réflexion éthique collective ;
- aborder et répondre aux questions d'affectivité et de sexualité au quotidien ;
- conduire ou coanimer des groupes de parole, des séances collectives.

Le personnel soignant

Confronté à l'intimité corporelle, à l'expression des désirs ou des souffrances, aux confidences, au suivi gynécologique, à la prévention des IST..., le personnel soignant est aussi en première ligne pour bénéficier de formations et contribuer aux projets institutionnels.

Le personnel d'encadrement

Il est important que les personnels d'encadrement, souvent mis à l'écart des formations collectives, puissent mener une réflexion personnelle sur la thématique de l'affectivité et de la sexualité afin de garantir une éthique professionnelle et faciliter les réflexions institutionnelles.

Formalisez le cadre de référence

Si l'ouverture, la recherche et l'innovation sont certainement nécessaires pour engager des démarches d'amélioration de la prise en compte de la sexualité, elles doivent néanmoins être bordées par un cadre de référence grâce aux différents supports de communication de votre établissement.

Rendre lisible la prise en compte de la sexualité dans votre établissement

L'ensemble des outils (documents ou instances) habituels de fonctionnement et de communication de l'établissement peuvent être investis pour cela, qu'ils soient de portée individuelle ou collective, à destination des usagers, de leur famille, des professionnels ou de l'environnement extérieur.

Dans tous les cas, il importe de s'assurer que leur utilisation permet de couvrir les différents enjeux nécessaires à appréhender.

Types d'enjeux et outils de travail ou de communication

Enjeux	Contenus	Outils privilégiés
Stratégiques	Communication de l'établissement. Choix des orientations prises. Adaptation aux besoins.	Livret d'accueil. Projet d'établissement. Conseil de la vie sociale. Évaluations interne et externe. Projets personnalisés.
Conceptuels	Compréhension des besoins. Sens de l'accompagnement à la sexualité.	Chartes. Commissions éthiques. Projet d'établissement. Référentiels de pratiques.

→

→

Enjeux	Contenus	Outils privilégiés
Pratiques	Réponses concrètes à apporter aux usagers. Régulation, limites. Encadrement des pratiques professionnelles.	Règlement de fonctionnement. Projets personnalisés. Chartes, recommandations de bonnes pratiques. Analyse de la pratique. Projets personnalisés. Réunions institutionnelles.

Rôle du livret d'accueil dans l'information des usagers

Le livret d'accueil est le support de communication le plus généraliste et diffusé de l'établissement. Par voie de conséquence, il n'est pas l'outil le plus adapté pour détailler la philosophie, les principes et les subtilités de l'accompagnement à la sexualité des personnes.

Il s'agit cependant à travers ce document, à la fois :

- d'ouvrir les portes à une discussion et d'affirmer que la sexualité des personnes est reconnue et prise en compte dans votre établissement ;
- de n'en fermer aucune, notamment en prenant le risque de choquer un parent ou un partenaire.

Ceci peut notamment se faire en faisant clairement, mais avec subtilité, référence au caractère sexué des personnes accueillies, à travers :

- les modalités d'accueil : lits doubles dans les chambres individuelles, possibilité d'accueillir des couples, internat mixte pour les adolescents ;
- les modes d'accompagnement de l'établissement : là encore, il n'est pas utile d'être trop frontal sur la question. Il est par contre possible de faire référence, dans un foyer de vie, à l'adaptation de l'accompagnement tout au long de l'accueil en mentionnant les possibilités d'accompagner la vie de couple ;
- les illustrations : inutile de fantasmer ! Une photo (parmi d'autres) avec un couple de résidents se tenant la main sera suffisante pour faire clairement comprendre ce qui est considéré comme normal ou possible dans votre établissement.

Poser le cadre général d'exercice des droits et devoirs avec le règlement de fonctionnement

Le règlement de fonctionnement peut être un outil de promotion des droits et libertés en matière de sexualité tout en en posant les conditions et les limites.

Rappelons que ce document vise à garantir le bon fonctionnement de votre établissement en cadrant les relations entre les usagers et votre structure (et plus finement, avec les familles, entre les usagers, entre usagers et professionnels, etc.). Ainsi le cadre, les restrictions et les limites posés ne se légitiment qu'en raison :

- des missions et des responsabilités confiées à l'établissement ;
- des contraintes liées à l'organisation, au fonctionnement et à la collectivité ;
- du cadre législatif existant par ailleurs.

Par conséquent, les interdits ou restrictions en matière de sexualité sont assez limités. Interdire les relations sexuelles dans tout l'établissement (et parfois toutes manifestations d'une relation amoureuse en public) correspond à une atteinte aux libertés qui peut difficilement trouver une justification, d'autant plus dans un lieu de vie souvent résidence permanente des personnes. Si une des craintes renvoie à des nuisances nocturnes, ce sont celles-ci qui peuvent être évoquées, quelle qu'en soit l'origine... (limitation du bruit après une certaine heure pour garantir le repos de tous). S'agissant de mineurs, la situation est quelque peu différente puisque, si les relations sexuelles entre mineurs ne sont pas interdites (voir page 32), les enfants restent soumis à l'autorité parentale (droit et devoir de veiller au développement, à la santé, aux fréquentations de son enfant).

Par contre, il est possible de donner un cadre à l'expression de la sexualité à travers :

- les règles concernant les chambres (droit à l'intimité et à la vie privée, conditions d'accès aux chambres par les professionnels, par des tiers) ;

• les règles élémentaires du vivre ensemble (respect de soi, des autres, de la collectivité...) ;
• le rappel d'interdits posés par la société (violences, exhibitionnisme, abus de faiblesse, consentement forcé...).

Faut-il disposer d'articles spécifiques concernant la sexualité ? Cela peut être souhaitable pour lever des ambiguïtés ou des non-dits et afficher une posture active dans le domaine. Dans ce cas, les formules ne peuvent qu'être généralistes (« droit d'avoir une vie sexuelle », « devoir de respecter le consentement », rappel que cette question est du champ de l'intime et doit a priori le rester, etc.). En effet, toute tentative de réglementation ou de mise en procédure trop avancée risquerait de poser un cadre normatif.

Si les choses doivent être malgré tout cadrées plus précisément, il est préférable dans ce cas de d'abord faire appel à l'échange et à la négociation pour élaborer une réponse qui s'inscrira dans ce cadre général, plutôt que de chercher à faire appliquer une règle déjà posée qui se révélera forcément inadaptée.

Exemple

Dans le cadre de la rénovation de son bâtiment, un foyer d'hébergement crée des chambres plus spacieuses permettant notamment l'accueil de couples. À cette occasion, le règlement de fonctionnement est révisé. Il prévoit que la vie en couple est possible dans ces chambres à condition toutefois que le couple témoigne d'une certaine solidité... correspondant à une liaison d'au moins 6 mois.

Si l'on peut comprendre que l'établissement ne souhaite pas organiser des déménagements à répétition, la durée fixée apparaît totalement arbitraire. La réflexion sur l'accès à un logement partagé peut par contre être posée dans la dynamique d'accompagnement à travers des points réguliers faits avec les personnes. Ainsi, il peut être simplement utile de préciser que l'installation en couple fait l'objet d'un accompagnement spécifique, adapté à chaque situation.

Quid du contrat de séjour (ou DIPC) ?

Le contrat de séjour définit le cadre contractuel général de la prise en charge. Il ne devrait par conséquent pas faire référence directement à la vie sexuelle des personnes. Le seul point méritant un traitement dans ce domaine concerne l'hébergement proposé, dans le cas où il est prévu d'accueillir un couple dans une même chambre. Une clause spécifique peut identifier, qu'avec l'accord des 2 personnes, la chambre sera partagée. Une mention particulière peut également indiquer qu'une séparation du couple peut conduire à une réorientation en cas d'absence de place disponible. Cette seule clause ne légitimerait cependant pas d'établir un contrat de séjour pour le couple, la prise en charge demeurant individuelle.

Prendre en compte les besoins dans le projet personnalisé

Par son caractère privé et individuel, le projet personnalisé autorise une approche de la sexualité de la personne. Plusieurs points de vigilance sont néanmoins nécessaires :

- avoir la garantie de participation effective des personnes ;
- la vigilance quant à toute forme de maîtrise, de technicité méthodologique qui déshumaniserait la sexualité (grille d'évaluation, objectifs trop précis) ;
- la formalisation écrite et la diffusion du document incitent à la plus grande vigilance quant à la trace laissée. Lorsque le document doit être communiqué à des tiers, il est préférable de surtout présenter les moyens engagés par l'établissement, sans forcément dévoiler tous les tenants et aboutissants (sauf accord de la personne). Par exemple, la mise en place de sortie ou la participation à des séances de massage peut s'inscrire dans des objectifs de « socialisation » ou de « bien-être » sans qu'il soit nécessaire d'écrire qu'il s'agit de pouvoir tester son pouvoir de séduction ou d'accéder à des sensations voluptueuses.

Veiller à traiter de la problématique de la sexualité dans le projet d'établissement

Le projet d'établissement comporte différentes parties pour présenter la structure. Où mentionner la problématique de la sexualité des usagers ?

Les caractéristiques du public

La présentation du public, en termes qualitatifs ou quantitatifs, n'a pas à faire référence à des aspects précis de la vie sexuelle. Cette question peut simplement être traitée par le genre et la situation familiale des personnes accueillies.

Les objectifs

Les objectifs et les missions de l'établissement restent généraux et il n'est a priori pas souhaitable de mentionner des objectifs spécifiques à la sexualité. Celle-ci peut par contre être mentionnée comme un des domaines parmi d'autres de mise en œuvre des objectifs.

Exemple

« Épanouissement de la personne dans toutes ses dimensions : connaissance et affirmation de soi, motivations et centres d'intérêt, vie affective et amoureuse... » ;
« Soutien et développement des relations sociales : vie familiale, réseau d'amis, vie de couple... »

Les valeurs et principes

Des réflexions sur le respect de l'intimité, le rapport au corps, le consentement, souvent nécessaires à traiter de toute manière, seront autant d'occasions de pointer des questions plus spécifiques concernant la sexualité.

Il est également intéressant de développer un chapitre à part entière sur la question, en particulier lorsqu'il s'agit pour l'établissement de témoigner d'une prise en compte accrue de la sexualité. La consolidation d'un bagage conceptuel et éthique à travers le projet est dans ce cas fortement recommandée.

Les orientations stratégiques

Dans ce cadre, l'approche directe est également possible. Une des orientations stratégiques de l'établissement peut concerner l'amélioration de la prise en compte de la sexualité. Cette orientation devra clairement faire apparaître les constats repérés, les demandes formulées, la compréhension du besoin ainsi que les zones d'incertitudes qui peuvent légitimement subsister sur de telles questions. Les ambitions et la portée du travail à accomplir restent tributaires du contexte de chaque structure et de ce qui est stratégiquement pertinent à faire (ainsi, par exemple, un établissement estimait qu'il était déjà révolutionnaire d'avoir pu écrire le mot « sexualité » dans le projet et que le fait de s'engager à ouvrir des espaces de réflexion et de formation pour les professionnels était déjà très satisfaisant).

Rappelons, enfin, que le travail sur les orientations stratégiques, et plus encore dans ce cas, implique la sollicitation des différentes parties prenantes (notamment usagers et familles) au moment de la réflexion (la lecture de cette orientation ne doit pas être une découverte au moment de la consultation des usagers avant la validation du projet !).

Les prestations de services

Chercher à formaliser une prestation spécifique d'accompagnement à la sexualité semblerait hors cadre. Tout d'abord, ce thème ne correspond pas à une mission ou des objectifs directs des établissements et services sociaux et médico-sociaux (les services d'assistance sexuelle à domicile n'existent pas dans le Code de l'action sociale et des familles).

Dans l'esprit des définitions retenues (voir page 10), l'aspect multidimensionnel de la sexualité donne toutes possibilités pour l'aborder de manière transversale (santé, développement, estime et construction de soi, rapport au corps, relations sociales...). Cette approche semble d'autant plus pertinente qu'elle évite de cloisonner la sexualité et implique la mobilisation de l'ensemble de l'équipe, également concernée.

À titre d'exemple, un IME abordait plus particulièrement la question de la sexualité dans un des projets d'unité à travers un axe « d'accompagnement du passage à l'adolescence ». Cet intitulé autorise à s'intéresser aussi bien à l'identité, au développement du corps, à la contraception, à l'acte sexuel, aux relations avec les parents, à la préparation à la vie adulte. Le thème se rapportant directement aux missions éducatives, pédagogiques et thérapeutiques apparaît beaucoup plus juste que l'abord restrictif de la puberté.

Liste des sigles

ANESM : Agence nationale de l'évaluation et de la qualité des établissements et services sociaux et médico-sociaux

ARS : Agence régionale de santé

CVS : Conseil de la vie sociale

DDASS : Direction départementale des Affaires sanitaires et sociales

DDCS : Direction départementale de la cohésion sociale

DGAS : Direction générale des Affaires sociales

DGS : Direction générale de la Santé

DIPC : Document individuel de prise en charge

DRASS : Direction régionale des Affaires sanitaires et sociales

EHPAD : Établissement d'hébergement pour personnes âgées dépendantes

ESSMS : Établissements et services sociaux et médico-sociaux

IME : Institut médico-éducatif

INPES : Institut national de prévention et d'éducation pour la santé

IREPS : Instance régionale d'éducation et de promotion de la santé

IST : Infections sexuellement transmissibles

ITEP : Institut thérapeutique, éducatif et pédagogique

OMS : Organisation mondiale de la Santé

PH : Personne handicapée

PSH : Personne en situation de handicap

SAVS : Service d'accompagnement à la vie sociale

VIH : Virus de l'immunodéficience humaine

Bibliographie

Livres, revues

Attali Jacques, *Amours : histoire des relations entre les hommes et les femmes*, Paris, Fayard, 2007.

Belloubet-Frier Nicole (rectrice de l'académie de Toulouse), « 30 propositions pour lutter contre les violences sexuelles dans les établissements scolaires », Paris, La Documentation française, octobre 2001 (www.ladocumentationfrancaise.fr/rapports-publics/014000716/index.shtml).

Caballero Francis, *Droit du sexe*, Paris, LGDJ-Lextenso éditions, 2010.

Comte Jacqueline, *Pour une authentique liberté sexuelle*, Québec, Louise Courteau éditrice, 2010.

Diserens Catherine Agathe, Vatré Francoise, *Accompagnement érotique et handicaps : au désir des corps, réponses sensuelles et sexuelles avec cœur*, Lyon, Chronique sociale, 2006.

Ferber Jacques, *L'Amant tantrique : l'homme sur la voie de la sexualité sacrée*, Gap, Le Souffle d'or, 2007.

Giami Alain, Humbert Chantal, Laval Dominique, *L'Ange et la Bête : représentations de la sexualité des handicapés mentaux par les parents et les éducateurs*, Paris, Centre technique national d'études et de recherches sur les handicaps et les inadaptations, 2001.

Lagardère Marie-Laure, Strohl Hélène, Even Bernard, « Rapport sur les problèmes posés par les pratiques de stérilisation des personnes handicapées », Inspection générale des affaires sociales, La Documentation française, 1998.

Naslednikov Margo Anand, *L'Art de l'extase sexuelle*, Paris, Trédaniel, 2007.

Nuss Marcel (dir.), *Handicaps et sexualité : le livre blanc*, Paris, Dunod, 2008.

Ortolan Marisa, Lucas Jacques, *Le Tantra, horizon sacré de la relation*, Gap, Le Souffle d'or, 2011.

Osho, *Intimité*, Genève, Almasta éditions, 2011.

Sabbe-Bérard Hélène, *La Personne malade d'Alzheimer est-elle libre d'avoir une vie intime en institution ?*, Espace national de la réflexion éthique sur la maladie d'Alzheimer (www.espace-ethique-alzheimer.org).

« Affectivité, sexualité et handicap. Guide à l'intention des institutions : professionnels, usagers, parents », Bruxelles, Union nationale des mutualités socialistes, 2011 (www.mutsoc.be et www.asph.be).

« AVAS : service d'accompagnement à la vie affective et sexuelle des personnes handicapées : document de capitalisation », Handicap international, juin 2007.

« Concilier vie en collectivité et personnalisation de l'accueil et de l'accompagnement », ANESM, novembre 2009 (www.anesm.sante.gouv.fr). « Entre affection, désir et amour », *Émergences*, n° 68, Centre Reine Fabiola, 4e trimestre 2009.

« Handicap et sexualité : entre interdit et accompagnement... », *Cahiers de l'Actif*, n° 268/269, 1998.

« Intimité, sexualité », Observations inattendues et capricieuses de la santé, Observatoire régional de la santé, Nord - Pas-de-Calais, 2009.

« Les oubliés de la prévention : rapport suivi de recommandations sur les handicaps mentaux, sexualité et VIH », Conseil national du Sida, 1997.

« Lignes directrices canadiennes pour l'éducation en matière de santé sexuelle », Agence de la santé publique du Canada, 2003 (www.santepublique.gc.ca/its).

Guides

Desmet Sylvie, « Les situations de parentalité au centre de services en déficience intellectuelle Mauricie/Centre-du-Québec », rapport de recherche CSDI, septembre 2005 (www.handiplanet-echanges.info/sites/default/files/les_situations_de_parentalite_au_centre_de_services_en_deficience_intellectuelle_mauricie.centre-du-quebec.pdf).

Leclerc Céline (directrice, ORS Centre), Larmignat Valérie (directrice, CREAI Centre) (dir.), « L'accompagnement dans la vie affective et sexuelle des personnes handicapées mentales accueillies en établissements en région Centre », 2009 (www.handiplanet-echanges.info/sites/default/files/rapport_accompagnement_%20vie_affective_handicap_mental%20région%20centre.pdf).

« Accompagnement à la vie affective et sexuelle : guide pratique pour l'animation des groupes de parole », service AVAS/programme France de Handicap international, mai 2007.

« Au-delà de l'essentiel : guide-ressources sur l'éducation en matière de santé sexuelle et reproductive », Fédération canadienne pour la santé sexuelle, Fédération pour le planning des naissances du Canada, 2006 (www.cfsh.ca).

« Handicap mental, vie affective et sexualité. Comment aborder dans une institution les questions relatives à la sexualité ? Un itinéraire pour développer une approche de la santé sexuelle », Les Amis de l'atelier, 2006-2007 (www.handiplanet-echanges.info/content/livret-3-vie-affective-et-sexuelle-la-sexualit%C3%A9-en-institution).

« La vie affective et sexuelle du jeune handicapé », Éditions de l'Inter-Associations : Apacep, Apaema, Apeesl, Arpeije, ProAid Autisme, Unafam Jeunes Parents, 2005.

« Principes directeurs internationaux sur l'éducation sexuelle », Unesco, mai 2010.

« Promoting Sexual and Reproductive Health for Persons with Disabilities », United Nations Population Fund, 2009 (www.who.int/reproductivehealth/publications/general/9789241598682/en/index.html).

« Vie de femme et handicap moteur : guide gynécologique et obstétrical », Les guides de l'AP-HP, Assistance publique-Hôpitaux de Paris, 7 mars 2003.

« Handicaps et sexualités : Prospection et analyse documentaire autour de travaux de recherche », Fondation internationale de la recherche appliquée sur le handicap, 2013, http://www.firah.org/.

Films - Documentaires

Enthoven Geoffrey, *Hasta la vista*, Belgique, 2012.

Sinapi Jean-Pierre, *Nationale 7*, France, 1999.

Carré Jean-Michel, *Sexe, amour & handicap*, France, 2011.

Choyé Francois, *L'Amour pour tous*, AFM Productions, France, 2009.

Metge Daniel, *Mon amoureux*, Les fils du Cygne, 2011.

Hawkes John, Hunt Helen, H. Macy William, *The sessions*, 20th Century Fox Film Corporation, 2012.

Ressources Internet

Handiplanet-échanges : partage d'expériences sur le handicap mental et psychique, www.handiplanet-echanges.info

Le site de Sheila Warembourg, sexologue, responsable d'un service d'accompagnement à la vie affective et sexuelle auprès de personnes en situation de handicap, www.sexualunderstanding.com

Blog « L'amour handicapé », http://lamourhandicape.over-blog.com

Annexes

Annexe 1

Extrait circulaire DAS/TS1 n° 96-743 du 10 décembre 1996 relative à la prévention de l'infection à VIH dans les établissements et services accueillant des personnes handicapées mentales

La lutte contre le Sida constitue une priorité d'action gouvernementale.

La nécessité d'adapter l'organisation du dispositif de lutte contre l'infection à VIH a ainsi conduit à l'élaboration de la circulaire du 27 octobre 1995 qui préconise une approche multidimensionnelle du problème : prévention, organisation des soins, accompagnement social.

Pour autant, il convient de prendre en compte la spécificité de certaines populations, notamment les personnes handicapées mentales accueillies en établissement.

À l'évidence, la seule dimension sanitaire s'avère insuffisante pour toute personne dont le handicap accroît la vulnérabilité à l'infection à VIH, ce qui conduit à prévoir la mise en place d'un accompagnement éducatif et social par des personnes compétentes et formées, en particulier les éducateurs spécialisés.

Une prise en charge globale de la personne handicapée qui préserve l'intégrité et la citoyenneté de celle-ci, conformément aux objectifs d'intégration sociale, est le gage d'une réelle prévention en la matière.

I – Objectifs

Reconnaître le droit de la personne handicapée et lui donner sa place en tant qu'usager

La prévention n'a de sens que dans la mesure où elle concourt à l'affirmation et à la consolidation de l'autonomie de la personne.

Elle contribue ainsi à la reconnaissance du droit à la sexualité pour la personne handicapée mentale, ainsi qu'à l'affirmation de son droit à l'éducation sexuelle.

■ Développer la prévention

Il importe que la démarche de prévention soit adaptée au domaine du handicap, dans le cadre d'actions conduites dans la durée. L'information générale ne saurait suffire par elle-même. Elle doit faire l'objet d'une démarche d'accompagnement spécifique pour être accessible et profitable à la personne handicapée. Il est de la responsabilité des associations et des professionnels d'affirmer l'intérêt d'une telle démarche et de s'engager à l'intégrer dans leurs actions.

■ Améliorer les pratiques d'intervention éducative

Dans un objectif majeur d'éducation à la santé, il convient de renforcer et de développer la dimension d'accompagnement dans les projets individualisés de prise en charge. L'amélioration des pratiques d'accueil et d'accompagnement ne peut être obtenue que par la formation des personnels et la mise en œuvre d'actions de sensibilisation des différents partenaires à l'intérieur des institutions. Sans exclure l'approche médicale qui n'est pas à négliger, l'approche pédagogique devra donc être privilégiée.

II – Champ d'application et personnes concernées

La présente circulaire s'adresse à l'ensemble des établissements et services publics ou privés qui accueillent des personnes handicapées mentales, notamment :

- les établissements ou services qui accueillent des enfants et des adolescents (instituts médico-éducatifs, et en particulier les IMPRO) ;
- les établissements ou services qui accueillent des adultes (les centres d'aide par le travail, les maisons d'accueil spécialisées et les foyers d'hébergement ;
- les services de suite et d'accompagnement qui sont appelés à prendre en charge ces personnes.

Elle concerne les professionnels et plus largement les autres partenaires des institutions.

L'ensemble des personnels doit s'impliquer dans cette démarche de réflexion et d'évolution des pratiques éducatives. Le personnel médical et paramédical, du fait de ses compétences, ne peut être absent de sa mise en œuvre.

De même, par la place qu'ils occupent, la famille et les proches doivent être associés aux actions de formation et de prévention afin de garantir la cohérence et la continuité de l'action.

III – Modalités de mise en œuvre

Chaque structure, qu'elle dépende d'une association ou d'une collectivité publique, doit définir rapidement une stratégie adaptée à cet objectif de prévention de l'infection à VIH ainsi que les moyens qui seront mis en œuvre à cet effet.

Cela peut notamment revêtir la forme d'un document particulier qui prenne sa place dans le cadre plus général du projet d'établissement.

Un tel document doit décliner deux axes d'intervention.

En premier lieu, il doit préciser ce qui ressort de la nécessaire information tant des personnes handicapées que des différents acteurs qui peuvent concourir à la prévention. Il peut également définir les moyens de mise à disposition de préservatifs dans les lieux qui paraîtront les plus adéquats.

En second lieu, il doit définir un cadre cohérent d'action.

L'efficacité en la matière commande de développer une logique de compétence pluridisciplinaire mobilisant les différents professionnels autour d'une personne-ressource.

Celle-ci représente le référent, nommé sur la base du volontariat par le directeur et reconnu comme tel par l'équipe, et chargé de veiller à ce que la prévention du VIH soit une préoccupation permanente pour chacun des professionnels. Dans la mesure où la prise en charge éducative et sociale constitue la finalité principale des établissements, c'est donc en priorité le personnel éducatif et particulièrement un éducateur spécialisé qui pourrait assurer ce rôle avec le concours du personnel médical ou paramédical.

Cette personne-ressource est relais d'information. Son action vise à sensibiliser, à faciliter l'expression, à apporter les conseils souhaitables, à prendre en compte les demandes de formation. Elle doit pouvoir prendre en charge l'animation de réunion de synthèse au sein de l'institution dans un but de confrontation des différentes pratiques professionnelles développées par les intervenants.

Il ne semble pas au demeurant nécessaire qu'elle soit « spécialiste » de la question du Sida ou seule détentrice du savoir en ce domaine, l'accent étant mis sur la coordination.

Je ne verrais que des avantages à ce que le médecin chargé du Sida au niveau régional réunisse les personnes-ressources afin de faire le point sur les problèmes qui pourraient être rencontrés. Vous voudrez bien, dans un délai de six mois, transmettre les observations recueillies à la Direction de l'action sociale, sous le présent timbre.

J'attire enfin votre attention sur le fait que cette personne doit être particulièrement disponible et formée pour répondre aux questions des résidents, ce qui exclut en principe le recours à du personnel vacataire.

Le cadre général étant ainsi tracé, il importe de définir des projets individualisés qui prévoient la prévention de l'infection à VIH. La réponse éducative doit se situer dans une logique d'autonomie et de qualité de vie de la personne et doit bien entendu être adaptée au public concerné.

La prévention devrait pouvoir s'organiser en fonction d'une stratégie pédagogique et éducative.

Les personnes handicapées bénéficieront ainsi d'une information adaptée au degré de leur handicap et de leur vie affective et sexuelle.

Leur autonomie sera en outre recherchée, leur permettant d'intégrer les informations qui les aideront à devenir sujets de leur propre prévention autant que faire se peut.

L'ensemble de ces orientations rend indispensable une action vigoureuse de formation.

Celle-ci doit s'adresser à un public diversifié : des personnes-ressources aux familles et partenaires extérieurs en passant par les professionnels de l'établissement (qu'ils soient d'ailleurs ou non en possession d'un diplôme initial) et les membres des conseils d'administration.

Il va de soi que les principaux axes de formation doivent être adaptés aux niveaux d'intervention des personnes concernées. Ainsi il pourra être question d'une simple sensibilisation dans certains cas, de l'intégration de la démarche de prévention dans les projets individualisés dans d'autres cas, alors qu'une approche plus approfondie d'ordre éthique, culturel et social se révélera indispensable pour les personnes-ressources, par exemple.

Je tiens particulièrement à ce que ces formations soient assurées par des centres agréés en travail social ayant une expérience reconnue dans le domaine de la formation continue. Un partenariat avec des réseaux associatifs œuvrant dans le champ de la lutte contre le Sida doit pouvoir être mis en œuvre le plus souvent possible.

À cet effet ils déposeront, aux fins de labellisation, un projet de formation à la DRASS. Ce projet devra préciser le volume horaire des formations, les contenus pédagogiques, les effectifs envisagés (la formation peut bien sûr concerner des publics en provenance de plusieurs établissements), l'origine des intervenants ainsi que les aspects financiers.

Vous trouverez, en annexe, à titre de préconisation, un référentiel de formation mis au point par un groupe de travail réuni à l'initiative de la Direction de l'action sociale et de la division Sida de la Direction générale de la santé.

Dans la mesure où les actions de formation suivies pourront être validées et reconnues dans des parcours de formations qualifiantes selon les règles propres à chaque filière, elles devront nécessairement faire l'objet de processus d'évaluation dont les modalités pratiques doivent également figurer dans le projet mentionné ci-dessus.

Enfin un compte rendu annuel d'activité devra vous être fourni et transmis, assorti de vos observations, à la Direction de l'action sociale.

Compte tenu des difficultés à appréhender ce qui est de l'ordre de la vie intime de la personne humaine et de sa sexualité, les mesures à mettre en œuvre concernant la prévention du VIH chez les personnes handicapées doivent s'entourer d'une approche alliant rigueur et souplesse.

Annexe 2

Fiche action T6 du plan national de lutte contre le VIH/SIDA et les IST 2010-2014
« Action T6 • Développer des outils et créer des lieux d'expression pour les personnes en situation de handicap (PSH) abordant les enjeux liés à la sexualité et à la prévention du VIH/SIDA et des IST. »

Objectif

Promouvoir l'éducation à la vie affective et sexuelle des personnes handicapées, notamment en établissements médico-sociaux.

Accompagner les établissements et services pour qu'ils intègrent dans leur projet d'établissement ou de service, ainsi que dans le projet individuel de la personne handicapée, la question de la vie affective et sexuelle.

Permettre aux établissements accueillant des PH de développer des stratégies visant à améliorer la prévention des risques liés à la sexualité, notamment la prévention contre le VIH/Sida et les IST.

Rendre accessibles les outils de prévention des IST-VIH/Sida par un vecteur adapté dans sa forme et dans son contenu à chaque type de handicap.

Améliorer les comportements préventifs par un meilleur accompagnement.

Détail de l'action

▶ *En établissements et services médico-sociaux*

Publication d'une circulaire portant sur l'éducation à la vie affective et sexuelle des personnes handicapées accueillies en établissements et services médico-sociaux, afin de définir les modalités de mise en œuvre de cette éducation dans le projet individualisé d'accompagnement des personnes accueillies.

Actualisation de la circulaire du 10 décembre 1996 en l'élargissant à tous les établissements accueillant des PH, en intégrant les conditions favorisant un suivi médical en matière de VIH/Sida et d'IST. Dans les établissements accueillant des adultes, la dimension du couple et de la parentalité devra être prise en compte.

▶ *En milieu ordinaire*

Recensement des outils existants et constitution d'une base de données.

Selon le type d'outils recensés :

- élaboration d'une brochure abordant les spécificités de la prévention des IST-VIH/Sida pour les personnes handicapées physiques, en ayant une approche différenciée selon le sexe ;
- élaboration d'outils accessibles pour les personnes malvoyantes ou malentendantes ;
- adaptation des modes d'emploi des préservatifs aux handicaps neurosensoriels.

▶ *De façon transversale*

Développer des lieux ressources sur les questions liées à l'intimité, à la vie affective et sexuelle pour les personnes handicapées, pour les parents et pour les professionnels, afin d'informer, de favoriser la prise de parole, mais aussi de prévenir les comportements à risque, notamment en matière de VIH/Sida et d'IST.

Acteurs

Pilotes : INPES, DGS.

Copilotes : CNSA, DGCS, ARS.

Partenaires : Associations, CNSA.

Calendrier

2010-2014

Suivi et évaluation

Élaboration des textes réglementaires, parution des circulaires.

Réunions du groupe d'experts, type de brochure réalisée par rapport à chaque catégorie de handicap, nombre d'exemplaires diffusés, post-tests.

Nombre de groupes organisés, nombre de participants, maillage territorial, questionnaires d'évaluation.

Annexe 3

Extrait circulaire n° 2003-027 du 17.2.2003 ministère de la Jeunesse, de l'Éducation nationale et de la Recherche (BO n° 9 du 27 février 2003) : « L'éducation à la sexualité dans les écoles, les collèges et les lycées » (Site Internet : www.education.gouv.fr/bo/2003/9/ensel.htm).

« L'évolution des mentalités, des comportements, du contexte social, juridique et médiatique dans le domaine de la sexualité, ainsi que des connaissances scientifiques liées à la maîtrise de la reproduction humaine a conduit les pouvoirs publics à développer l'éducation à la sexualité en milieu scolaire comme une composante essentielle de la construction de la personne et de l'éducation du citoyen. Dans le cadre de sa mission d'éducation et en complément du rôle de premier plan joué par les familles, l'école a une part de responsabilité à l'égard de la santé des élèves et de la préparation à leur future vie d'adulte : l'éducation à la sexualité contribue de manière spécifique à cette formation dans sa dimension individuelle comme dans son inscription sociale. Cette démarche est d'autant plus importante qu'elle est à la fois constitutive d'une politique nationale de prévention et de réduction des risques – grossesses précoces non désirées, infections sexuellement transmissibles, VIH/Sida – et légitimée par la protection des jeunes vis-à-vis des violences ou de l'exploitation sexuelles, de la pornographie ou encore par la lutte contre les préjugés sexistes ou homophobes. L'éducation à la sexualité à l'école est inséparable des connaissances biologiques sur le développement et le fonctionnement du corps humain, mais elle intègre tout autant, sinon plus, une réflexion sur les dimensions psychologiques, affectives, sociales, culturelles et éthiques. Elle doit ainsi permettre d'approcher, dans leur complexité et leur diversité, les situations vécues par les hommes et les femmes dans les relations interpersonnelles, familiales, sociales. Cette éducation, qui se fonde sur les valeurs humanistes de tolérance et de liberté, du respect de soi et d'autrui, doit trouver sa place à l'école sans heurter les familles ou froisser les convictions de chacun, à la condition d'affirmer ces valeurs communes dans le respect des différentes manières de les vivre. C'est pourquoi il est fondamental qu'en milieu scolaire l'éducation à la sexualité repose sur une éthique dont la règle essentielle porte sur la délimitation entre l'espace privé et l'espace public, afin que soit garanti le respect des consciences, du droit à l'intimité et de la vie privée de chacun.

Un certain nombre de fondements de l'éducation à la sexualité se trouvent d'ores et déjà explicitement mentionnés dans les programmes scolaires de l'école primaire et dans ceux de quelques-unes des disciplines des collèges et des lycées. Plusieurs textes spécifiques sont par ailleurs venus, en 1996[17] puis en 1998[18], instaurer l'organisation de séquences d'éducation à la sexualité au collège et mettre en place un dispositif de formation des personnels. Les dispositions de l'article 22 de la loi n° 2001-588 du 4 juillet 2001 relative à l'interruption volontaire de grossesse et à la contraception ont désormais complété le chapitre II du titre I du livre III du Code de l'éducation par un article L. 312-16 aux termes duquel : « Une information et une éducation à la sexualité sont dispensées dans les écoles, les collèges et les lycées à raison d'au moins trois séances annuelles et par groupes d'âge homogène. Ces séances pourront associer les personnels contribuant à la mission de santé scolaire et des personnels des établissements mentionnés au premier alinéa de l'article L. 2212-4 du Code de la santé publique ainsi que d'autres intervenants extérieurs conformément à l'article 9 du décret n° 85-924 du 30 août 1985 relatif aux établissements publics locaux d'enseignement. Des élèves formés par un organisme agréé par le ministère de la Santé pourront également y être associés. » Dans cette nouvelle perspective, il est nécessaire, en s'appuyant sur l'ensemble des actions déjà mises en place, de définir les objectifs de l'éducation à la sexualité de l'école primaire jusqu'à la fin du lycée, en précisant les modalités de mise en œuvre, et le pilotage du dispositif. Cette circulaire annule et remplace la circulaire n° 98-234 du 19 novembre 1998 relative à l'éducation à la sexualité et à la prévention du Sida.

---

17. Circulaire n° 96-100 du 15 avril 1996 relative à la prévention du Sida en milieu scolaire et à l'éducation à la sexualité.

18. Circulaire n° 98-234 du 19 novembre 1998 relative à l'éducation à la sexualité et à la prévention du Sida.

I – Les objectifs de l'éducation à la sexualité dans le cadre scolaire

L'école a un rôle spécifique dans la construction individuelle et sociale des enfants et des adolescents. Il s'agit de leur donner les moyens de s'approprier progressivement les données essentielles de leur développement sexuel et affectif et leur permettre notamment de mieux analyser et appréhender les multiples messages médiatiques et sociaux qui les assaillent quotidiennement. Dans ce cadre, l'éducation à la sexualité vise principalement à apporter aux élèves, en partant de leurs représentations et de leurs acquis, les informations objectives et les connaissances scientifiques qui permettent de connaître et de comprendre les différentes dimensions de la sexualité ; elle doit également susciter leur réflexion à partir de ces informations et les aider à développer des attitudes de responsabilité individuelle, familiale et sociale. Ainsi, afin de guider l'élaboration d'un projet par les équipes éducatives, on peut appliquer au champ spécifique de l'éducation à la sexualité les objectifs éducatifs suivants :

- comprendre comment l'image de soi se construit à travers la relation aux autres ;
- analyser les enjeux, les contraintes, les limites, les interdits et comprendre l'importance du respect mutuel ;
- se situer dans la différence des sexes et des générations ;
- apprendre à identifier et à intégrer les différentes dimensions de la sexualité humaine, biologique affective, psychologique, juridique, sociale, culturelle et éthique ;
- développer l'exercice de l'esprit critique notamment par l'analyse des modèles et des rôles sociaux véhiculés par les médias, en matière de sexualité ;
- favoriser des attitudes de responsabilité individuelle et collective, notamment des comportements de prévention et de protection de soi et de l'autre ;
- apprendre à connaître et utiliser les ressources spécifiques d'information, d'aide et de soutien dans et à l'extérieur de l'établissement.

Des documents accompagnant la mise en œuvre des séances d'éducation à la sexualité en préciseront les contenus, la répartition et la progression pédagogiques adaptés à chaque cycle.

II – La mise en œuvre de l'éducation à la sexualité

Au sein des écoles et des établissements scolaires, tous les personnels, membres de la communauté éducative, participent explicitement ou non à la construction individuelle, sociale et sexuée des enfants et adolescents.

En effet, en toutes circonstances, dans les différents espaces des écoles et des établissements (salles de classe, de cours ou d'activités, lieux d'accueil ou de récréation, espaces de circulation, vestiaires, restaurant scolaire...), tout adulte de la communauté éducative contribue à réguler les relations interindividuelles et à développer chez les élèves des savoir-être tels que le respect de soi et de l'autre ou l'acceptation des différences.

Ces pratiques éducatives impliquent une nécessaire cohérence entre les adultes participant au respect des lois et des règles de vie en commun qui s'exercent aussi bien dans le cadre de la mixité, de l'égalité, que de la lutte contre les violences sexistes et homophobes contraires aux droits de l'homme. Au-delà de ces situations quotidiennes, il est nécessaire d'organiser un travail pluridisciplinaire s'appuyant sur les compétences complémentaires des divers personnels, inscrit dans le projet d'école et le projet d'établissement, voire inséré dans une politique d'établissement.

2.1. Une formation à destination de l'ensemble des élèves

Dans les enseignements, à tous les niveaux, les programmes des différents champs disciplinaires – tels que la littérature, les arts plastiques, la philosophie, l'histoire, l'éducation civique, juridique et sociale... – -offrent, dans leur mise en œuvre, l'opportunité d'exploiter des situations, des textes ou des supports en relation avec l'éducation à la sexualité selon les objectifs précédemment définis.

Les enseignements scientifiques liés aux sciences de la vie occupent une place spécifique mais non exclusive dans ce domaine. Ils procurent aux élèves les bases scientifiques – connaissances et raisonnements – qui permettent de comprendre les phénomènes biologiques et physiologiques mis en jeu.

Les enseignants de ces disciplines sont en outre guidés par le souci constant d'établir un lien entre les contenus scientifiques et leurs implications humaines, préparant ainsi les élèves à adopter des attitudes responsables et à prévenir les risques.

Dans la construction de leur progression sur l'année et sur le cycle, ils veillent à donner toute leur place aux parties des programmes relatives, selon les niveaux d'enseignement, à la reproduction et à la transmission de la vie, à la contraception, aux infections sexuellement transmissibles et particulièrement au Sida.

En lien avec les connaissances acquises à travers les programmes scolaires aux différents niveaux, il est nécessaire de concevoir une continuité éducative tenant compte des questionnements et de la maturité des élèves. À cette fin, trois séances d'information et d'éducation à la sexualité doivent, au minimum, être organisées dans le courant de chaque année scolaire.

Elles permettent de relier les différents apports concourant à l'éducation à la sexualité et de les compléter notamment dans les domaines affectif, psychologique et social, conformément aux objectifs définis ci-dessus (*cf.* § 1).

2.1.1. À l'école primaire, l'éducation à la sexualité suit la progression des contenus fixée par les programmes pour l'école. Les temps qui lui sont consacrés seront identifiés comme tels dans l'organisation de la classe. Ils feront cependant l'objet, en particulier aux cycles 1 et 2, d'une intégration aussi adaptée que possible à l'ensemble des autres contenus et des opportunités apportées par la vie de classe ou d'autres événements. Aussi, à l'école, le nombre de trois séances annuelles fixé par l'article L. 312-16 du Code de l'éducation doit-il être compris plutôt comme un ordre de grandeur à respecter globalement dans l'année que comme un nombre rigide de séances qui seraient exclusivement dévolues à l'éducation à la sexualité. L'ensemble des questions relatives à l'éducation à la sexualité est abordé collectivement par l'équipe des maîtres lors de conseils de cycle ou de conseils de maîtres. Les objectifs de cet enseignement intégré aux programmes ainsi que les modalités retenues pour sa mise en œuvre feront en outre l'objet d'une présentation lors du conseil d'école.

2.1.2. Au collège et au lycée, le chef d'établissement établit en début d'année scolaire les modalités d'organisation et la planification de ces séances, inscrites dans l'horaire global annuel des élèves, garantissant ainsi la mise en œuvre et la cohérence de ce dispositif, qui sera intégré au projet d'établissement et présenté au conseil d'administration. Pour les lycées, il fera également l'objet d'un débat au conseil de la vie lycéenne.

Les modalités d'organisation des séances – durée, taille des groupes – sont adaptées à chaque niveau de scolarité. Elles doivent privilégier un cadre favorisant l'écoute, le dialogue et la réflexion et peuvent s'appuyer sur les dispositifs existants. Le chef d'établissement veillera à la cohérence et à la complémentarité entre les apports des enseignements et les apports de ces séances. La mise en œuvre de l'éducation à la sexualité, dans le premier comme dans le second degré, doit donc s'appuyer sur une véritable démarche de projet qui permet à la fois :

- d'informer et/ou d'associer les parents d'élèves ;
- de garantir la cohérence et la coordination des différents apports ;
- de susciter un travail intercatégoriel ;
- d'assurer, le cas échéant, le cadrage des interventions de partenaires extérieurs.

2.2. Des actions individuelles

Les séances d'éducation à la sexualité peuvent être l'occasion de susciter chez certains élèves des questionnements d'ordre privé ou encore de révéler des difficultés personnelles. Celles-ci ne doivent pas être traitées dans un cadre collectif mais relèvent d'une prise en compte individuelle de l'élève et d'une relation d'aide qui, dans les écoles et les établissements scolaires, peut s'appuyer sur tout adulte de la communauté scolaire susceptible d'apporter une écoute et d'être un relais, et plus particulièrement sur les compétences spécifiques des personnels de santé et sociaux.

En outre, la prise en charge et l'accompagnement qui s'exercent à l'occasion des bilans de santé, des dépistages, de l'accueil à l'infirmerie ou de l'entretien social, permettent d'établir avec les élèves une relation de confiance et un dialogue en toute confidentialité. C'est dans ce contexte que prennent place les dispositions de la loi n° 2000-1209 du 13 décembre 2000 relative à la contraception d'urgence et du décret d'application n° 2001-258 du 27 mars 2001, selon lesquelles les infirmières des établissements scolaires peuvent administrer la contraception d'urgence dans les situations d'urgence et de détresse caractérisée.

Les personnels de santé et sociaux assurent également les relais nécessaires au sein de l'école ou de l'établissement, ainsi qu'avec les familles et les professionnels des réseaux de soins. Ainsi certains élèves traversant des difficultés personnelles nécessitant un entretien individuel seront orientés s'ils le souhaitent, soit vers les personnes-ressources de l'établissement – personnels de santé et sociaux –, soit vers des structures extérieures spécialisées.

III – La prise en charge

À l'école primaire, c'est aux maîtres chargés de classe qu'incombe la mise en œuvre de l'éducation à la sexualité dans le cadre des enseignements, avec le tact qui s'impose et en recherchant la plus grande cohésion avec l'ensemble des apprentissages. Le cas échéant, les maîtres pourront solliciter conseils et assistance auprès de l'infirmière ou du médecin scolaire formés à cet effet. Les maîtres porteront une attention toute particulière à la parole de l'enfant en vue de l'aider à discerner ce qui, dans les rapports qu'il entretient avec ses camarades et avec les adultes, est acceptable ou ne l'est pas.

Au collège et au lycée, ces séances sont prises en charge par une équipe de personnes volontaires, constituée avec un souci de pluralité, associant autant que possible, dans la logique du projet d'établissement, enseignants et personnels d'éducation, sociaux et de santé, formés à cet effet.

Il peut être fait appel à des interventions extérieures, dans le respect des procédures d'agrément en vigueur, conformément, d'une part, au décret n° 92-1200 du 6 novembre 1992, modifié le 20 mai 1999, relatif aux relations du ministère chargé de l'Éducation nationale avec les associations qui prolongent l'action de l'enseignement public et, d'autre part, aux dispositions de la circulaire n° 93-136 du 25 février 1993 relative aux relations avec les associations qui prolongent l'action de l'enseignement public, qui rappellent cependant la possibilité pour des associations non agréées d'intervenir pendant le temps scolaire, dans des conditions précisées au chapitre II.

Il peut être toutefois recommandé de privilégier le recours à des intervenants issus d'associations ayant reçu l'agrément, national ou académique, prévu par le décret du 6 novembre 1992. Les partenaires extérieurs ayant bénéficié d'une formation appropriée peuvent intervenir dans les séances d'éducation à la sexualité dans le respect des principes, de l'éthique et des objectifs définis dans la présente circulaire.

Ces interventions, qui s'inscrivent dans le cadre du projet d'école ou d'établissement, devront s'insérer dans la programmation et la progression définies par l'équipe éducative en charge des séances.

Elles sont organisées avec l'autorisation du directeur d'école après avis du conseil des maîtres, dans le premier degré[19], ou à la demande du chef d'établissement, en accord avec l'équipe en charge de l'éducation à la sexualité, dans le second degré. Elles se déroulent en présence et sous la responsabilité pédagogique du maître ou d'un membre de cette équipe afin d'assurer la continuité de la relation éducative, l'accompagnement, le suivi et l'évaluation des actions.

Le comité d'éducation à la santé et à la citoyenneté (CESC) est le dispositif de repérage et de mise en réseau indispensable des partenaires de proximité auxquels il peut être fait appel. Il permet en outre d'assurer l'information de l'ensemble des personnels de la communauté éducative.

Par ailleurs, si la mise en œuvre de partenariats est susceptible d'étendre les ressources de l'école en mobilisant des compétences spécifiques complémentaires, elle permet aussi de disposer de ressources et relais extérieurs à l'école. Ainsi les lieux d'information, de consultation et de conseil conjugal et familial, les centres de documentation spécialisés, les espaces d'écoute jeunes, les services téléphoniques, dispensent un accueil personnalisé, une orientation, des informations sur la sexualité, la contraception, la prévention des IST et du Sida, les violences sexuelles, accessibles aux élèves des collèges et des lycées. Les personnels des établissements scolaires doivent assurer la diffusion de ces informations notamment

19. Circulaire n° 91-124 du 6 juin 1991, modifiée les 20 juillet 1992 et 29 juin 1994, portant directives générales pour l'établissement du règlement type départemental des écoles maternelles et élémentaires (1er paragraphe du chapitre 5.4.4). Circulaire n° 92-196 du 3 juillet 1992 relative à la participation d'intervenants extérieurs aux activités d'enseignement dans les écoles maternelles et élémentaires (annexe 1, A, § b).

en mettant à disposition des élèves des dépliants et un espace d'affichage sur les structures locales et les numéros verts. Cette démarche sera accompagnée dans le cadre des séances d'éducation à la sexualité.

IV – Pilotage et formation

4.1. Un dispositif académique de pilotage

Chaque académie doit se doter d'un projet d'éducation à la sexualité intégré dans le projet académique de santé des élèves, tel qu'il a été défini dans la circulaire n° 2001-012 du 12 janvier 2001 portant orientations générales pour la politique de santé en faveur des élèves, et la circulaire n° 2002-098 du 25 avril 2002 relative à la politique de santé en faveur des élèves.

Un bilan récent, relatif aux actions et formations en éducation à la sexualité établi par la direction de l'enseignement scolaire, fait apparaître que de nombreuses académies disposent d'équipes de pilotage chargées pour l'essentiel de l'organisation et du suivi des formations.

La généralisation de l'éducation à la sexualité, notamment par les séances d'éducation à la sexualité prévues par la loi, impose désormais, compte tenu de l'ampleur du dispositif à mettre en œuvre, que chaque recteur désigne auprès de lui un coordonnateur et une équipe de pilotage académiques, en veillant à ce que des représentants désignés par les inspecteurs d'académie directeurs des services départementaux de l'Éducation nationale y participent également.

Afin de ne pas multiplier les dispositifs spécifiques d'éducation à la santé et de prévention, de mieux les articuler et les mettre en cohérence, notamment avec le groupe d'animation des CESC, il est souhaitable de constituer un dispositif académique de pilotage regroupant l'ensemble des coordonnateurs et des personnes-ressources compétentes sur les thématiques de santé, sexualité, prévention.

En ce qui concerne l'éducation à la sexualité, comme pour les autres domaines évoqués, les missions de l'équipe de pilotage académique se déclinent selon 5 axes principaux :

• constituer une force de proposition dans l'élaboration de la politique académique ;

• construire les partenariats institutionnels – en particulier avec les programmes régionaux de santé ainsi que les réseaux de soins –, les partenariats associatifs et mutualistes, en intégrant notamment les fédérations de parents d'élèves. L'organisation de ces partenariats, les modalités d'intervention dans les écoles et les établissements scolaires, ainsi que leur contribution à la formation des personnels et des intervenants extérieurs seront définies dans une charte académique, établie selon les niveaux, entre le recteur et le directeur régional de l'action sanitaire et sociale (DRASS), ou entre l'inspecteur d'académie, directeur des services départementaux de l'Éducation nationale et le directeur départemental de l'action sanitaire et sociale (DDASS). Cette charte, qui permet de poser un cadre éthique, pédagogique et administratif clairement défini, pourra le cas échéant être élargie à d'autres partenaires en fonction des situations de chaque académie ou département ;

• contribuer à la définition du cahier des charges de la formation des personnels, à l'élaboration du plan académique et aux choix des formateurs ;

• constituer un réseau de ressources documentaires à disposition des écoles et des établissements scolaires, en s'appuyant en particulier sur les nouvelles technologies ;

• établir un bilan annuel académique de la mise en œuvre de la loi, à partir d'une grille nationale qui sera transmise aux recteurs.

4.2. Une politique de formation des personnels

La formation initiale et continue des personnels s'inscrit comme une des composantes du dispositif de pilotage d'une éducation à la sexualité des élèves ; elle doit permettre la constitution d'équipes aux compétences partagées, susceptibles d'analyser dans leur contexte les besoins des élèves, de construire une démarche globale et progressive d'éducation adaptée à l'école ou l'établissement scolaire.

En effet, une politique de formation efficace, en un domaine qui exige de concilier savoirs, éthique, culture, respect des personnes suppose à tout le moins que soit prise en compte la dimension pluricatégorielle de l'encadrement des séances d'éducation à la sexualité. Ainsi professeurs des écoles, enseignants de science de la vie et de la Terre, de vie sociale et professionnelle, conseillers principaux d'éducation, médecins, infirmières, assistants de service social apportent en particulier, chacun pour ce qui le concerne, leur contribution à un projet défini en commun dans ses objectifs et ses résultats. Les dispositifs de formation élaborés dans ce cadre, et éventuellement construits avec les équipes locales pour mieux répondre à leurs besoins, prendront appui aussi bien sur les ressources académiques que sur celles apportées par les partenaires extérieurs institutionnels ou associatifs habilités à intervenir auprès des élèves dans le domaine de l'éducation à la sexualité.

Compte tenu de la diversité des personnels susceptibles d'intervenir dans ces formations, la logique d'ensemble des dispositifs gagnera à être définie au niveau académique dans l'objectif de la meilleure utilisation des ressources disponibles. Les modalités de formation pourront cependant privilégier les interventions sur site aidant en cela à la constitution des équipes éducatives.

Au cours des dernières années, des formations interacadémiques à pilotage national ont permis de constituer un réseau de formateurs pluricatégoriels chargés notamment d'organiser les actions de formation d'équipes d'établissements participant à la mise en œuvre de l'éducation à la sexualité dans les établissements scolaires. Les recteurs veilleront à mobiliser ces personnels et à développer leurs compétences tout en renforçant ce réseau de formateurs afin d'être en mesure de répondre aux besoins des écoles et établissements de leur académie.

La loi du 4 juillet 2001 a confié à l'école une mission éducative dans le champ bien spécifique de l'éducation à la sexualité. Les orientations définies dans la présente circulaire constituent un cadrage aussi bien pour les personnels de l'Éducation nationale que pour les partenaires appelés à intervenir dans les écoles et les établissements scolaires. J'appelle votre attention sur l'importance que j'attache à la mise en œuvre de ces dispositions. »

Pour le ministre de la Jeunesse, de l'Éducation nationale et de la Recherche et par délégation,
le directeur de l'enseignement scolaire,
Jean-Paul de Gaudemar

Collection Les guides Direction(s)
www.esf-editeur.fr

Déjà parus :

Bâtir une GPEC
François Charleux, Patrick Debieuvre

Engager une politique de bientraitance
Bruno Laprie, Brice Miñana

Favoriser la participation des usagers en établissement médico-social
Bruno Laprie, Brice Miñana

Maîtriser la gestion financière en établissement social
Aurélie Camroux

Maîtriser la réforme du régime d'autorisation
Marie-Ève Banq

Maîtriser sa gestion du temps de direction
Daniel Gacoin

Motiver les équipes en travail social
François Charleux, Jean-René Loubat

Organiser la gestion des risques
Marc Moulaire

Outils pour réussir l'évaluation en action sociale
François Charleux

Prévenir et résoudre les conflits au travail dans le secteur médico-social
Nicolas Scohy

Répondre à un appel à projet
Philippe Gaudon

Réussir l'évaluation externe
François Charleux

Réussir ses recrutements en action sociale
François Charleux, Sylvain Jouve, Jean-Jacques Perrin

Toutes les clés du droit du travail en action sociale
Florence Riquoir, Virginie Garcia, Anne-Laure Périès, Olivier Bonijoly

Achevé d'imprimer
En mai 2014
par Dimograf
Biesko-Biala, Pologne